U0926098

赢家智慧

THE WISDOM OF WINNER

庄恩岳　庄研——著

浙江文艺出版社

前　言

如果没有智慧如阳光般地照耀，人生的道路肯定会很艰难，企业家的创业之路肯定会遭遇各种挫折。因此，学习智慧，提升智慧，是当务之急。不久前，应南方科技大学创新创业学院刘科院长的邀请，我来到iLEAP课堂，为学员们讲了“企业家的智慧”一课。这堂课的内容包括：什么是企业家智慧；寻找高人指点的智慧；闷声发大财的智慧；改变传统习惯的智慧；明白能耐的智慧；敬畏市场的智慧；人品决定财气的智慧；企业家智慧的源泉。

一、什么是企业家智慧

在大数据时代中，通过数据抓取技术，我们可以高效地读取和收集海量的网络数据，通过对数据的分析、挖掘、加工、处理，进而得到有价值的信息，信息变成知识储备后，就形成了个人拥有的智慧。什么是企业家智慧？它指的是一种哲学化的思考方式。企业家要学会用哲学思维去思考问题。有时候，别人的冬天，恰恰就是你的春天。哲学的智慧比普通的知识更重要、更高级，如果企业家拥有最高层级的知识——哲学智慧和哲学化的思维方式，那么在经营管理中就会事半功倍。企业家的哲学思维和智慧，不是指经营管理某个企业的技术、技巧与技能，而是一种人生态度、格局和境界。譬如，面对同样的商业机会，不同的企业家做出的判断和决策，采取行动的速度和力量，就可能完全不同。当然，结果可能有的获得极大成功，有的却遭遇惨败。企业家在市场上较量的不只是数据、信息和一般的知识，更多的是对人性的洞察能力，对贪婪欲望的自我控制力和对市场风险的把握能力。说简单点，就是较量各自的哲学思维和智慧。

二、寻找高人指点的智慧

互联网时代，总会出现许多像薇娅和李佳琦这样的人。他们一夜走红，步入大众视野，以光鲜亮丽的姿态获得众人的追捧。然而，仔细观察他们的成长之路便可发现，无论时代怎样变化，有一点是不变的，那便是任何一种成功都不是偶然的，要想获得超出常人的成功，你需要比别人更努力，并且有高人不断指点你。要耐心寻找高人，虚心接受高人的指点，并且自己还要不断地努力奋斗。

一个著名的企业家在总结他三十年的创业经验时说，他的成功离不开高人指导。他大学毕业后，到一个单位工作，对很多东西感到非常困惑。有一天，他在马路上看到一辆车因为故障抛锚，就过去帮忙，一来二去，他就与车的主人，也就是这个高人认识了。交往半年后，高人说，小伙子，你人品不错，我给你指条道，有一个企业需要承包，你考虑三天，看看是不是去走这条道。经过三天的犹豫和反复的思考，他想通了，然后告诉高人，他要把铁饭碗砸了，去承包这个企业。后来高人说，现在喝酒的人多，很多人肝脏不好，你可以去做护肝方。不到几年，他就收获了人生的第一桶金。正当他得意扬扬，有些飘飘然的时候，又一个高人出现了。那个高人跟他说，小伙子，做事不能这么"轻松"地做，你一定要以敬畏之心踏踏实实去做，特别是做医药这一行，一定要有敬畏之心，做良心药，做放心药，只有这样，你的人生路才能长久。在企业债务危机爆发之前，又一个高人告诉他，应该采取果断的措施来防范金融风险，这使他的企业避开了倒闭的绝境。所以，人生道路上需要高人指点，贵人相助，小人监督，个人奋斗，亲友鼓励。

企业家成功路上有两个最大的威胁：一个是自己的认知不足，另一个是自己愚昧的膨胀。企业家成功的道路上离不开高人指点，很多时候，需要经过高人指点，我们才能开悟，自己的努力才会达到正向的反馈结果。在人生的道路上，总会遇到这样或那样迷茫的时候，有时候完全靠自己去摸索，很难走出泥潭，这个时候若有高人指点迷津，就会降低人生路上可能发生的风险，以最小的时间成本迈出人生关键的一步。所以当我们无法凭借一己之力解决问题时，一定要去寻找高人，谦虚地向高人问道，得到他们智慧的帮助。人生道路上，小胜靠力，中胜靠智，大胜靠德，全胜靠道。高人的指点，其实就是道，我们在经营企业的时候，经常会遇到各种各样的问题，当自己无法解决的时候，首先应该想到去寻找高人，让高人来指点一下。我们一定要战胜自己的弱点，反省自己，认识自己的不足。能干成事的人往往都谦卑谦虚，追寻人生的成功其实就是一个行道的过程，帮助你的高人越多，你就越容易成功。

三、闷声发大财的智慧

闷声发大财，是指那些少说话多做事，低调不张扬的人能较好地维护自己的利益。闷声发大财的企业家懂得忍让，做一个真正和气、低调的生意人。如果一个企业家处处与别人争锋，炫耀自己有多厉害，挣了多少钱，就容易被人视为轻浮，这样的人难成大事。真正成功的企业家往往是低调、谦卑的人。华为总裁任正非说，只有不要脸的人才会成为成功的人，那些成功的人才不会在乎别人的眼光，也不要面子。我们在生活当中经常碰到一些其貌不扬的成功企业家，他们的成功不一定一眼就能让人看出来，他们的心思往往也让人看不透，但是企业却做得很好，为人处世也非常谦卑，经常虚心向别人请教。

真正智慧的企业家懂得闷声发大财，他们在悄悄地努力奋斗，在别人还没有回过神来的时候，他们已经设定了志在远方的雄伟目标。他们很少露面，也很少在媒体前曝光。他们对人客客气气，对客户和员工都给予厚待。他们经常把工夫都用在勤奋读书以及努力提升自己的企业经营水平上。真正闷声发大财的企业家说话也很有水平，所在企业做出来的产品也易受到社会的追捧。他们不抱怨，他们有化解危机的能力，他们在市场变化甚至灾难连连的各种风险当中，默默地去想办法，默默地去开拓新路子，他们也从来不把精力花在无聊的事和人上。

四、改变传统习惯的智慧

“煌上煌”的创始人徐桂芬四十二岁下岗，靠一个炉子、一口铁锅，从一家小小的店铺开始，凭借踏实勤劳、敢想敢干的性格，最终经营出了一个市值超过七十五亿元的“卤味帝国”。拥有智慧的企业家都知道命运要始终把握在自己手里。那么我们又该如何把握自己的命运呢？

首先，我们一定要形成良好的习惯，你有什么样的习惯，就有什么样的命运。

其次，不要抱怨命运亏待了你。遇到问题后，先反思自己的习惯是不是出了问题。

最后，我们可以说，习惯和命运是前因后果的关系，命运是好是坏，大多出自你的习惯。有人说，播种一种行为，就会收获一种习惯，播种一种习惯，就会收获一种性格，播种一种性格，就会收获一种命运。

著名理财规划师托马斯·科里研究了一个课题，他用五年时间研究对比了一百七十七个富豪和一百二十八个穷人的习惯，然后发现了这两类人身上最明显的五大差别：第一个差别在于富人都喜欢学习；第二个差别是富人都善于把精神和身体相分离；第三个差别是富人都有一个自己的社交圈子；第四个差别是富人知道什么该做、什么不该做；第五个差别是富人都有良好的礼仪习惯。一个人要想改变自己的经济状况，一个企业家要想让自己的命运变得更好，必须从改变自己的习惯开始，把过去的不良习惯改掉，重新塑造今天的自己。我们要学习优秀企业家的良好习惯，努力塑造一个优雅的企业家形象。只有这样，我们才能受到别人的欢迎，命运才能改变。有哲人也说过，最初是我们造成了习惯，后来是习惯造就了我们。习惯改变命运，好习惯成就美好人生。改变自己的坏习惯，形成良好的习惯，将会成就我们顺遂的事业、幸福的生活和成功的人生。

五、明白能耐的智慧

冯仑曾说过这样的话："伟大是熬出来的，'熬'就是看你能否坚持得住。不是指每一个细节都想到了，而是在特别痛苦的时候坚持住了，并把痛苦当营养来享受。"过去，我们会认为一个人"伟大"是指他能领导别人，其实这是错误的观念。当你不能管理自己的时候，你便失去了领导别人的资格和能力。一个人的伟大首先在于管理自己，而不在于领导别人。每个闪光的人背后都有满腹辛酸，人生不容易，创业更不容易。华为总裁任正非自创业以来如履薄冰，在艰辛与磨难当中求生存，始终重任在肩，不敢有一丝松懈，即使在危机面前也努力前进。我们从任正非身上可以看到中国企业家的身影：他们大多一生坎坷，但意志坚定，他们丰富的人生经历造就了创业的大格局、大胸怀和大智慧。他们虽然经历了创业的坎坷，但是最终用自己的大智慧战胜了困难，成为了一代伟大的企业家。

人的一切痛苦，本质上就是对自己无能的愤怒，真正伟大的企业家都压得住脾气，留得住福气，只有没本事的企业家才会对自己、家人、朋友及客户心有不满，才会通过发脾气来缓解自己的焦虑。真正有本事的企业家会把坏情绪当成天敌，他们平时总是挂着淡淡的笑，即使天塌下来也能从容应对。面对困难，面对挫折，不懊恼、不意气用事，冷静面对企业的经营状况，再苦再难都能够闯过去、熬过去。

世界上除了生与死，其他都是小事。人生最大的敌人是自己的脾气。企业家要不断地学习和思考，同时也要不断地妥协。有志者战天斗地，无志者怨天恨地，成功与失败的根源就在这里。面对创业中的不易，智者与市场斗，与各种各样的竞争者斗，明者因时而变，知者随事而制。所以说，逆境苦难是磨炼企业家意志的大熔炉，是完善人格的训练场，是建设人生的航向灯，是到达目的地的原动力。世上的事没有难和易，也没有困和苦，决定成败的关键是自己的心态，能说出来的苦就不叫苦，那些说不出来的苦才叫苦难，只有不断地经受苦难，才能获得最终的辉煌。

六、敬畏市场的智慧

女强人柳青曾说过一句话："除了生死，其他都是擦伤。"没有真正经历过生死考验的人，说不出这样的话，也不会体悟其中的隐忍和坚强。从顺风顺水的富家千金、投行高管，到亲自下场做企业的总裁，其间还夹杂着与病魔的抗争，这当中的艰辛苦涩，恐怕也只有她自己知晓。成功的企业家在面对千变万化的市场时，必须要保持敬畏之心。只有敬畏市场，才能够做好各种防范风险的工作，以严格的标准和严谨的态度去做市场，胜算才会更大，也只有这样，才能在复杂的市场环境当中最终取得胜利。心存敬畏，言有所止。敬畏市场规则，敬畏竞争对手，敬畏产品设计，敬畏客户的需求，这是企业家的价值取向，更体现了企业家的大智慧。以敬畏之心来面对复杂的世界，来做好产品的底线，做好企业的底线，才能够活出企业家的情怀，活出企业家的人格，活出企业家的大美。

敬畏是人生大智慧，敬畏也是企业家的护身符。企业家上要敬天，下要敬地，做事情千万不要盲目冲动，更不要贪婪，一定要控制自己，控制自己的脾气，控制自大的、好大喜功的、不顾风险的、盲目的经营行为。当市场变化的时候，在新冠疫情等灾难面前，我们更应该懂得敬畏。因为只有懂得敬畏，才会让自己更加谨慎小心，才能让自己更加充满智慧。如果说不管市场的规律，不去敬畏，就不会敏锐地发现风险，更不会主动化解风险，也就不会去请教高人，就可能会陷入四面楚歌的无助状况，企业就很可能会走到惨败的境地。

七、人品决定财气的智慧

人品好才能财气旺，人品决定企业家的财气。会做人、人品好的企业家才会赚钱。因为人品好能广结善缘，能吸引不一样的、优秀的人跟你合作，能够汇聚财气。所以对企业家而言，得人心者才能得天下，得人气者才能得财气。企业家可以失去金钱，但是不能失去诚信，不能失去人品，人品不好的人是很难在这个世界上立足的。经常去忽悠别人的人，人品不会好，他的事业也不会成功。企业家一定要说话算数，言而有信，诚信为本，不能斤斤计较。企业家不是跟物做生意，而是跟人做生意。在与人相处时，你可以聪明，但不要精明；你可以机灵，但不要圆滑。善良诚信，低调谨慎，能屈能伸，能刚能柔，人品好，合作的人自然就多，这样财气肯定会汇聚在你的四周，企业经营之道肯定也是金光万丈。

无德必无财，格局有多大，人气有多旺，财富就有多大。先要赚人心，然后才能赚钱。吃亏是福，企业家要大方一点，因为只有善举才能带来人气，帮助别人等于帮助自己，考虑事情要推己及人，做事情要利人利己，最后才能成人达己。人们常说，欣赏一个人，始于颜值，敬于才华，合于性格，久于善良，终于人品。做企业也同此理，拼到最后拼的都是人品，人品好才能护佑企业家事业成功，一生平安。

八、企业家智慧的源泉

哲学思维决定企业家命运。对于一家企业来说，最困难的是经营管理者的观念转变，思路决定出路。智者谋远，有未来的眼光，看清未来大势，提前布局，才能成为赢家。企业缺乏资金、技术、原材料等不可怕，可怕的是企业家缺乏独立思考的能力，缺乏创新能力，缺乏稳健经营理念，缺乏防范风险的能力等。这样的企业肯定会失败，也注定会被淘汰。

企业家有智慧，才能成为人生的赢家。这几年，眼见许多企业家破产、失败，人们叹息之余，经常问，为什么他会失败？其实主要原因还是在于个人的智慧不够。企业家不断增加智慧，应该从以下五个方面着手：一是不断学习，不断创新，与时俱进；二是自律再自律，自强才有自尊；三是防范风险，稳中求进；四是知行合一，理论和实践相结合；五是明白哲学道理，领悟人生智慧。不要跟在别人后面走，因为跟在别人后面走，可能会永远没有出路。

庄恩岳

2021年4月

越在危难之时，越要内心强大

大家好：

今天讲《越在危难之时，越要内心强大》。

对一个人来讲，强大的内心是反败为胜的资本，是在危难的时候战胜困难的法宝。所以遇到困难，遇到危机，不可灰心，更不能放弃。熬过去，你的人生才有光明。

其实人生道路上哪个时候没有坎坎坷坷？哪个时候没有纠结呢？成功者和失败者最大的区别，就是内心是强大还是懦弱。凡是成大事者，都有超乎常人的意志力。他们在遇到问题、遇到危难的时候，不是无端地恐惧、痛苦、烦恼，更不是自暴自弃，而是忍常人之不能忍，沉得住气。定能生慧，只要去积极想办法，办法总比问题多，智慧总比气馁强。

有人能够把危难的日子过得像诗一样美好。有人说，诸葛亮，非淡泊无以明志，非宁静无以致远，躬耕数载，隐居南阳，怀才于身，静候明主。虽然天下群雄辈出，但他却不被纷繁的世事与天下的争端扰乱心智，为了真正成大业，他内心强大，平静地等待，甘于寂寞，甘于暂时的无名，在悠然地吟唱《梁父吟》的日子里，韬光养晦，静待卧龙飞天的一刻，最终助刘备成就鼎立大业。

人生不如意十之八九，命运波澜不定，世界变化万端，人的一辈子会遇到很多无常，企业家的一生要内心强大。我们无法去逃避，只能够勇敢地去承受。我们无法改变世界，也无法窥测命运，只能改变自己，改变自己的内心，所以强大的内心是化解一切危机、渡过一切难关、克服一切困难的良药。

内心强大，可以让自己战胜困难，化解危机。《菜根谭》讲，众人以顺境为乐，而君子之乐自逆境中来。也就是说大多数人都是在顺境的时候觉得快乐，但是君子，他的快乐来自危难，来自逆境当中。我们想想苏轼，被贬黄州时，他生活很拮据，很困难，但是他自己开了块地，和农民一起唱歌，他感到非常快乐。

一个人只要内心足够强大，外界的环境再糟糕，也不会影响他的心情。因为他们在逆境当中不断地修炼，不断地成长，反而活得高级而优雅。内心强大不但能治疗自己，也能治愈万物，大智者必谦和，大善者必宽容。苏轼年轻时才气逼人，锋芒毕露，说话办事得罪了很多人。后来他自己醒悟改过，不断地磨炼自己，不断地成长，最终成为一个内心强大的人。

当你温柔的时候，当你微笑的时候，世界也会跟着你微笑起来，温柔起来，所以我们要领悟人生的真谛，要懂得快乐生活的方式。我们不要去无端恐惧，而应该勇敢地面对生活。有人说，我们曾如此渴望命运的波澜，到最后才发现人生最美妙的风景竟是内心的淡定与从容，那就是自己强大的心理。世界是自己的，与别人没有关系，世界是你自己的，内心强大，生命自然淡定从容。即使没有一帆风顺的人生，内心强大的人也可以治愈一切，战胜困难。

王阳明认为，人生艰难处，却是修心时。王阳明坎坷的一生给我们后人留下了宝贵的精神财富。很多成功人士，比如曾国藩、梁启超、日本的稻盛和夫，都受到王阳明的心学思想的影响，不断激励自己，最后超越了客观条件，实现了生命的自我提升，慢慢强大起来。为什么越是艰难处越是修心时呢？到达龙场时，对王阳明来讲，人生已经到了低谷，这也是王阳明的人生转折处。在到龙场之前，王阳明想放弃，但是他遇到一个高人，那个高人告诉他，你必须坚持。

人这一生，关键时刻靠的就是一身的正气与强大的意念。如果一个人陷于困境，从早到晚自怨自艾，内心充满恐惧和忧伤，身心正气不足，就容易被寒邪之气乘虚而入。反过来，如果一个人面对任何境地，始终能够保持积极乐观的正向意念，内心强大，就一定会穿越人生的迷雾，进入光明之境。所以，内心强大还是战胜百病、保持健康的法宝。

那么，怎么样让自己保持内心的强大呢？王阳明认为第一要有正念，你所关注的就是你的命运。第二要有正气，真正强大的气场都是在生活当中练成的。第三要走正道，人生的首要任务就是完成生命的觉悟。心光明，则一切光明，这就是人生的真谛。生如夏花灿烂，死如秋叶静美，用尽一生修得一颗光明磊落强大的心，人生方可无怨无悔，这是真正的大智慧。

谢谢大家！

最高级的快乐

大家好：

今天讲《最高级的快乐》。

一个人活在这个世界上，最好的状态就是开心快乐。乐为寿之本，拥有什么都不如拥有快乐。快乐的人生质量也是高的，所以我们一定要让自己每天都快快乐乐的。风雨之后见彩虹，真正的快乐不是外在物质带来的，而是在给予和付出中得到的。也就是说要去奉献，要在利国利民的奉献当中得到快乐。

有的人不知足，不断地去奢求，去外求。虽然得到了许多的物质，但是他的内心仍然空虚，缺乏满足感。而这一切，根源就是不知足。人的欲望是没有止境的。当一个人把心思全放在欲望上面的时候，他得到的只是一颗贪婪的心。这样的人生会越来越空虚，越来越烦恼，越来越痛苦。反过来，当一个人去帮助别人，他会获得真正的富足。这就是“给”的力量，也是“给”为你带来的真正的精神财富。

你给别人一颗善心，一个灿烂的微笑，一个真诚的鼓励，一次无私的帮助，你会收获满满的爱，满满的正能量。所以我们一定要多为国家、多为他人去做事情，去奉献。这是人生真正的快乐，这也是我们快乐的真正根源。一个人的最高境界，就是牺牲小我成就大我，这是一个最高级的“给”。

一个人的烦恼越多，说明一个人的格局就越小。一个人的心小了，所有的小事就大了；心大了，所有的大事也就小了。畅销书《想开点：别和自己过不去》中讲到了一个故事：有一所大学的系主任心脏病发作了。在住院的三个月里面，他仔细思考了自己过去的人生和余生，写下心得，提出了两条生活原则：一是不要为芝麻小事去耗费力气；二是所有的身外事都是小事，都是芝麻小事。

两年前，上海有一个大学的老师得了癌症，在临终之前写了本书，受到了大家的欢迎，引起了大家的深思。人们从书中知道了几个健康大忌：一个是熬夜，过了十一点，还在拼命；第二个是乱吃东西，如麻辣火锅等；第三个是乱发脾气，情绪不好。她在临终之前感悟，就是不要为小事耗费力气，因为除了生死，所有的事情就是小事。

今天再大的事，到了明天也都是小事，没有必要因为它而烦恼。但我们往往看到太多的人，为了眼前的事情而痛苦、烦恼、恐惧。这是因为他们的格局太小。格局决定了心态。心中有清风明月，自然就能够欣赏到大自然的优美祥和。心中只有自我，你的小把你的心都装满了，那么自然就会在意个人利益得失，斤斤计较，整天埋怨世界和别人。心越小的人，越会烦恼不断想不开。我们的心胸要像大海一样，不能像一个小水坑，一场小雨就把它注满了。但是你们看多少条江河汇到大海，大海还是容纳百川。

我们怎么样才能达到最高级的快乐呢？第一，要有自知；第二，要宽容，包容；第三，一定要善良，与人为善；第四，不要无端恐惧，杞人忧天；第五，一定要常怀感恩之心，要多去感谢别人；第六，要学会说不；第七，要心向阳光。心中常有条彩虹，这样生命就会非常灿烂。

谢谢大家!

生命在于运动

大家好：

今天讲《生命在于运动》。

优秀的企业家是品德、健康和才能“三位一体”的人。健康第一，没有健康，等于什么都没有。企业家不但事业要干得好，更重要的是身体要好。光顾事业不顾身体健康，也是一种愚蠢。新冠肺炎疫情期间，有些人长胖了不少，大家见面第一句话就是“哎呀，你又胖了好多”“你又胖了十斤五斤”。但是有些人却很自律，注意运动，身材一点都没走样，并且还格外好。身体要运动，思想要提升，生活当中不要乱攀比。我们如果要比，比什么？生活水平要往下去比，这样你的心态会越来越好。道德水准要向上去比，这样你会不断地学习，不断地上进。如果光去比物质，你的心情肯定会非常糟糕。

时光不饶人。其实，抗衰老，最好的办法不是吃什么保健药，而是坚持每天运动。你看那些运动的人，身体强壮，精神饱满，思维敏锐；那些不运动的人，天天萎靡不振，自怨自艾。运动给予你新的力量、新的面貌、新的生命。人过了四十岁以后，更要注重运动。

“人的健全，靠饮食，尤靠运动。”有位著名的企业家说。他是南方人，在北方生活了几十年，原来感觉北方的冬天非常难过。五年以前跟着朋友去学滑雪，当时几乎所有的人都反对。说这个岁数去滑雪多危险啊，万一碰着摔着，风险太大了。但是他勤学苦练，并且注意防范风险，现在也可以上中级道了。相由心生，境由悦来。他说现在特别喜欢北方的冬天，甚至在夏天就盼望着冬天。虽然2020年因疫情滑不了雪，但是他心里每天都想：冬天又可以滑雪了，北方的冬天太美妙了。于是，心情就非常愉悦。因为经常运动，他的身体在零下二十几度的环境中感觉也越来越好。

2019年我在崇礼的雪场碰到一位七十多岁的企业家，他跟我讲，六年以前他都快不行了，卧床不起。后来遇到贵人，告诉他生命可以改变，并且载着他去滑雪。他一边欣赏和享受大自然的风光，一边提升生命的质量。他慢慢喜欢上了滑雪运动，运动把他拯救了。现在他不但恢复了健康，而且显得越来越年轻，身体非常健壮，也非常灵活。我还碰到另一位企业家，他六十多岁，每天除了学习、指导企业，就是摆弄花草。这位企业家过去十年身体很不好，但是最近两年来身体非常好，诀窍就是每天通过养花养草来锻炼自己的身体，提高自己的体能。我们看到，许多企业家朋友，无论工作多么繁忙，都会每天抽空去锻炼身体。

我们经常羡慕别人好的身材、敏捷的思路，但是自己却久坐久卧，暴饮暴食，不爱运动。等到岁数一到，各种毛病来了，就慨叹人老啦，余生已经很短啦。但这种消极的心态，只会让自己越来越衰弱，让生命越来越脆弱。我们一定要改变这种状态，最好的药剂就是良好的心态和适当的运动。每天花半小时去运动，让自己健健康康地生活着。运动是最有效的保养秘诀，也是锻造身体的最佳方法。

运动会重塑你的容貌。在中国达人秀舞台上，我们看到七八十岁的人，一个个精神抖擞，他们的秘方就是运动。每天的运动是对抗岁月最好的武器，运动让你坚强，让你每天精神饱满。认真生活、认真去运动的人，永远都不会老。运动甚至能改变你的大脑。美国国家科学院院刊曾有报告说，与久坐的同龄人相比，那些经常运动的人，海马体的体积增长了2%。什么是海马体？它是大脑中负责长时记忆的存储转换和定向等功能的部分。也就是说，长期坚持运动会让人的记忆力得到提升，让人更加聪明，因而运动是预防阿尔茨海默病最好的方法。

在抗击新冠肺炎疫情中挺身而出的钟南山院士，已经八十四岁了，但他每次面对镜头，总是精神抖擞，思维敏捷，说话清晰，铿锵有力。我们再看看身边八十四岁的老人，是什么情况？我们要向钟院士学习，学习他的精神，学习他每天坚持运动的毅力。钟院士讲，运动对我帮助很大，所谓年纪大了，记忆力差的问题我都没有。都说岁月不饶人，但其实岁月只会去欺负那些不运动的人，那些心态消极的人，那些懒惰的人。

运动还会重塑你的生活。有个名人讲，女人的美丽是跟着年龄增长的，有些人年龄还年轻，但是已经老了；有些人已经老了，但还年轻。秘方是什么？就是精神好，修养好，还有一个更重要的，去运动。大家一定要有积极的心态，一定不要找借口。直接去运动吧，趁着时光正好，不要辜负每一天，不要辜负每一个当下。

不过，运动也要注意方法。一是运动前要做好各种准备工作，防止肌肉和韧带拉伤。二是选择时间。早晨是人体最空的时候，也是减肥的最好时机。像春天，如果可能的话，大家要争取五点多起床，晚上十一点以前睡觉。但是早上最好不要空腹长时间运动，因为这个时候，人的血糖是比较低的，运动过量会容易导致头晕，甚至呕吐现象。那么什么时候运动比较好呢？专家一般认为是下午比较好，比如下午三点到六点，因为这个时段人的精力比较充沛。晚餐后一个小时做运动也可以，但餐后半小时不适宜运动。另外不建议晚上十点以后再去运动，因为运动后神经过于兴奋，影响睡眠。

我曾经到英国去访问，在莎士比亚故居看到一个小故事。有人问莎士比亚，人生什么最重要。他说，第一是要好好睡觉，第二要好好吃饭。

运动强度不是越大越好，而是要适合自己，关键是每天要坚持。激烈运动以后不宜马上休息，不宜马上洗浴，不宜马上大吃大喝，不宜马上吃糖，不宜马上饮酒，也不宜马上抽烟。要选择合适的锻炼场所，避免去潮湿炎热的环境，更不要去人多的地方。身体疲劳或者生病的时候不宜运动，以免加重疾病或者发生意外。饮食要适当，不要在吃饱的情况下马上去锻炼。运动当中一定要配合呼吸法，这样运动效果才好。在肌肉收缩的时候要吸气，放松的时候要吐气。运动是身心结合的运动，当你情绪不好的时候，千万不要去运动，这样容易伤害自己。另外，步行是最好的运动方式，适合各种人群，所以我们不应为了运动而运动。最适合自己的运动，就是经常去走路。我们一定要把运动提升到生命中最重要的位置。

谢谢大家！

活好今天

大家好：

好的明天，必须从今天开始。人生什么最重要？有人说，金钱最重要，有人说物质最重要，有人说权力最重要，有人说美貌最重要。其实人生最重要的是，活好今天。修好今天的心，做好今天的事，处好今天的人是最重要的。过去的已经过去，明天还没有来到，只有今天才是现实的、实实在在的。过去的事你再后悔也已经过去，老是背负着过去的包袱，你的人生会很沉重，也会很烦恼，更会很痛苦。明天的梦想再美好，也是虚无缥缈的，只有今天才是真实的，才是触手可及的，所以一定要活好今天。

今天的日子再难，也要快乐地度过去。有一个哲学故事，说的是苏格拉底有一天看到一群很郁闷的小伙子在一起很无聊、很忧伤地煎熬着。他走过去问他们有没有空，能不能一块儿造个独木舟。这帮小伙子说，好啊。苏格拉底领着他们忙了一阵，就把东西造好了。这时候，苏格拉底问这帮小伙子："小伙子们，你们觉得今天充实不充实，快乐不快乐？"小伙子说："太快乐了！"这就是哲学家说的快乐，过好今天。同样的时间，有人快乐地去做今天的事情。同样的时间，有人痛苦地流泪。在同样的时间里面，有人快乐地做了很多快乐的事情，为国家、为人民做出了奉献。在同样的时间里面，有人却在忧伤、悲叹。比如林黛玉，在春天，在春光明媚的时光，却去葬花，最后生命早早地逝去了。所以我们一定要悟透活好今天的哲学道理。

格力电器董事长董明珠讲，我们在最困难的时候都造出了原子弹，今天遇到的困难、遇到的危机算什么？我们还会去恐惧今天的这些东西吗？我们还不能够勇敢地去渡过今天的危机吗？想想这些成功的企业家的勇气、激情和哲学的处事办法，我们一定要活好今天。怎么过好今天呢？今天的努力就是明天的欢笑，今天的善举就是明天的善报，今天的运动就是明天的健康。

有位企业家朋友说，许多人在这一年中身材变化大，有的都胖了十斤左右。但是他没有什么变化。我问他有什么秘方。他说在去年三四月份的时候也是快胖了十斤，后来想这样不行，必须每天去坚持运动才行。于是他每天坚持走一个小时，有时是室外，有时是室内，这两个月下来，体重减了十斤。减肥成功的主要原因就是每天走路。每天下午五点到六点，放下工作，坚持走路，这是他控制体重、保持健康最好的法宝。

他动情地说，有几天北京风很大，有时候倒春寒很厉害，他好多次想打退堂鼓了：明天再走吧，明天多走几步。后来想想不行，必须每天完成每天的事情。就这样，他把活好今天的哲学用在每天的走路上，走一半的时候还挺痛苦，但是走过了一半路程以后，就感觉到身上微微发热，感觉到心情很愉悦，大脑很清醒。回来以后洗个热水澡，身体很舒服，工作思路也清楚，晚上睡眠也好。

人生的真谛就在于活好今天，因为只有今天才是属于你的，今天的努力、今天的善行、今天的每一件小事，会成就你明天灿烂的美景。空想过去、幻想明天是没有结果的。今天一个小小的举动，可能会给明天带来快乐的微笑。我们一定要悟透这个哲理，修好今天的心，每天保持快快乐乐的笑容，每天不断地学习，不断地浇灌灵魂，我们在道德上要向上走，向优秀的人去学习，要不断去学习，不断去思考，而不是去恐惧，去烦恼。我看过很多文章，其中讲到有人用利益去跟人交往，利尽了，人也散了。所以遇到势利的人要回避他，要学会说不。

心快乐，人快乐。曾经有一个企业家朋友说，他写了一本关于预防新冠肺炎的书，很畅销。他还在公众号免费向大家提供这本书的电子版。他说这样做虽然会影响他的书的销售，但是能让更多的人读到这本预防新冠肺炎的心理辅导书，增加抵御新冠肺炎的勇气和技能，这就是他最大的快乐，也是给他的最大奖赏，比金钱更重要。越是这么去想，去为社会和人民服务，就越快乐，所以修好我们今天的心非常重要。

我们一定要尽心尽力去做好自己的事情。低调做人，踏踏实实做事，这是人生的最高境界。一定要处好你每天碰到的人，企业管理有两个重点：外面要抓客户，要善待每一个客户；内部要抓风控，要提高风险防范能力。所以企业家每天最重要的事情是什么？一是外抓客户，二是内抓风控。你的客户越多，你的生意就越好；你企业的风控等级就越高，你的企业就越安全。要善待每一个走近你的人，每一个跟你交往的人，因为这才是你的人生财富。

不要把你的精力放在跟你不相关的那些人和事上面。因为一个人的精力有限，这样会浪费你很多宝贵的时间和精力。要做减法，不要去跟那些乱七八糟的人交往。我研究了华为总裁任正非的经营思想，看了他的很多资料，发现华为的成功之道，其实就是处理好下面几个问题：一个是你的企业战略目标是什么，一个是现金流从哪里来。要善待客户，因为现金流是从客户来的，所以要把客户放在第一位。一个企业的战略目标必须依靠内部，你的员工是你最重要的依靠。任正非提出，奋斗者为王，这是真谛。战略问题、分配问题、人才问题，这是企业家管理企业的核心问题。

谢谢大家！

自强者有幸福

大家好：

今天讲《自强者有幸福》。

古人讲，天不渡人，人需自渡。洛阳白马寺有一副对联，上面写的是“天雨虽大，不润无根之草；道法虽宽，只渡有缘之人”。人不自救天也难，与其等待天来渡我，不如做自己的摆渡人，所以自强者自有福，自强者天助也。内因是关键的因素，外因只是起帮助作用。人要想幸福，一定要自强。

如何做到自强呢？一是要修心积德，只有修心积德才能够达到自己的幸福，如果说别人或者说上天没有赐福于你，那么你就要努力地去修行，主动迎接福气的到来。《了凡四训》讲：命自我立，福自己求。人的福气不是天定的，而是靠自己积累德行，自己努力修来的。今天的努力就是明天的幸福，今天的学习就是明天的成功。

厚德载物，一个人心修得好，德行越高，就越有福气。古人经常讲，如果你是享受百金福气的人，那么必定是拥有百金这个基础的人；享千金财富的人，必定是拥有千金基础的人。唯有高尚的人，才能够承受得起财富、权力、声望这些福报。我们为什么经常要讲厚德载物，要把它作为人生哲学，因为只有厚德，才能承载起这些福气；没有厚德就没有这些福气。

微信群里面经常会讲到一些理财产品爆雷的事件。由此我想到一个问题，很多人只看到财富的表面，只想着如何赚快钱、如何一夜暴富，从来没去关注自己的内心，不懂厚德载物的哲学。光想一夜暴富，不知敬畏，不去学习和请教高人，就去与深不可测的所谓理财之人打交道，参与深不可测的理财之事，结果人生的危险就来了，最后不是一夜暴富，而是一夜崩溃。像这样的事情大家一定要注意，一定要提高风险防范意识，尤其是深不可测的事千万不要随便冒险去做。

行善积德就等于在积累自己的福报，厚德之人必定心存正念，福气不请自来。自强得福，首先一定要明白厚德载物的道理。厚德之人，不但能够改变自己的命运，还可以造福后代子孙。古人说，人不但要积阳德，还得要积阴德。所以我们要把自己的心培养好，以神养心。“天劳我以形，吾逸吾心以补之”，意思是讲，如果上天让我筋骨劳累，我就用一颗安逸的心来滋养我的身体。譬如说，王阳明虽然被贬，但是他却非常地安心，乐天知命，通过养心来提升自己。

遇到困难，遇到危机，我们要有求变的心理。苦难是人生幸福的催化剂，也是人生转机的奠基石。苦难是人生的一种营养，是一笔不可多得的财富，我们一定要拥有危难中求生的本领。《菜根谭》说“天厄我以遇，吾亨吾道以通之”。意思是如果上天要我境遇坎坷，我就拓宽人生的道路，冲破命运的阻隔。我们看到，曾国藩虽然屡战屡败，但是还是屡败屡战。

曾国藩曾经讲过，我平生的长进，全部是在受挫受辱当中得来的，所以人生一定要咬紧牙关磨炼自己的斗志，自强自信，增长自己的智慧，这样方能成就事业。世上没有走不通的路，只有想不通的人，不去努力、不去自强的人。人，越是面对困境，就越是要努力，努力去改变自己。《周易》讲：“穷则变，变则通，通则久。”世界在变，环境在变，身边人也在变，我们唯一能做的就是顺应万变，天助自助者，老天一定会帮助自强的人。

我们要用感恩的心去面对危机，面对灾难，把生活过得有滋有味的，把不忙不闲的工作做得出色，把不咸不淡的生活过得精彩，过得有意义，每天去努力工作，去安心学习，心平气和去生活。如果心安然，就可以步步生莲花。心清一切明，心悟一切禅。我们即便遇到了许多的灾难，也会有勇气去克服它，去战胜它。

自强的人走的永远是一条光明的道路，自悲自叹的人走的永远是一条崎岖的羊肠小道。危难当中最能看清一个人，过去你好我好都是表面的，危难当中别人可能见利忘义抛弃你，能救你自己的只有你自己。两点看清一个人，一是看他危难时候是怎么对你的；二是看在金钱面前他是怎么对待的，这就是试金石。

自强的人，把所有的烦恼都抛给了昨天，把所有的希望都留给明天，但是把所有的努力都放在了今天。今天踏踏实实去努力学习，去努力工作，以美好心情去生活的人就是智者，也是最强大的人。我们一定要用自强的心、自强的姿态来面对灾难，面对烦恼，面对不平凡的人生。

谢谢大家！

关于认知

大家早上好：

美好的一天又开始了，今天讲《关于认知》。

近来，关于某个理财产品爆仓的讨论很多，我就想到了一个关于认知的问题。有一条关于认知的法则："你永远挣不到超过你认知范围的钱，除非你依靠运气，但是依靠运气挣到的钱，最后往往又会因认知不够而亏掉。这是一种必然，你所挣的每一分钱都是你对这个世界认知的变现。你所亏的每一分钱都是因为你对这个世界认知不足，这个世界最大的公平在于，当一个人的财富大于自己认知的时候，这个社会有一百种方法收割你，直到你的认知和财富相匹配为止。"大家有时间，一定要好好把这条法则悟透，这也是一种获得财富的智慧。百金有百金的福，千金有千金的福，也是一个哲学问题。

很多企业家在顺势的时候挣了很多钱，但是没过几年却在逆势当中亏掉了。有一个机构对几百名中了彩票的人进行跟踪分析，发现他们的结局多数是不好的，为什么？就因为对财富的认知问题。许多人依靠一时的运气挣了很多钱，但是没过几年就过得很不如意，甚至非常地悲惨，为什么？我们应当经常对财富做深刻的思考，对财富充满敬畏，对生命充满敬畏，多去做利国利民的事。只有这样，你财富的根基才会非常牢靠。依靠运气、依靠坑蒙拐骗获得的财富，是不牢靠的，根基永远是很浅的。财富的磐石越大，你的财富就越牢靠。

2020年4月23日，红杉资本全球执行合伙人沈南鹏与黑石集团联合创始人、董事长兼CEO苏世民，在抖音和今日头条通过视频连线进行了一场巅峰对话，两位顶级投资家对全球经济形势出现的新情况，当前环境下如何调整企业管理和投资策略以及年轻人所关心的人生理想、职业选择等问题进行了探讨。对话中的那些投资原则和人生原则，能帮助人们穿越周期，也让我深受启发。

你的视野有多宽，你的境界有多高，你的格局有多大，你就能做多大的事情，你就能够取得多大的财富。有一个企业家说，他朋友写了一篇文章想让我看，我看了以后马上提出批评意见。我说这篇文章格局很小，视野很窄，文笔很差。我毫不客气地说，按照你的水平，不应该写出这样的文章！我耐心告诉他应当怎么怎么改。第二天早上改出来以后，文章面貌焕然一新，好像一个天一个地。所以真正的友谊是坦诚相见。我们对财富的认知也是一样的，我们要站得高、看得远，从哲学的角度、一万米的高空来看问题，你就能够看得全、看得远。

沈南鹏的讲话要点，值得参考：要是过去十到十五年，我们在中国有什么成功的秘密，那就是我们持续做强中国。现在正是在许多行业内加倍投资中国的时候，包括互联网、人工智能、物联网在内的数字技术正在改造着中国服务业和制造业的方方面面。而在新冠疫情的背景下，这些转型的过程会进一步加快，许多领先企业能够走出困境，是因为他们在国际行业内不断做大做强，即使在面对至暗时刻，他们也能够主动出击，获得更高的市场份额。

年轻人应该对你真正热爱的事业投入赤子之心，并且选择进入了一个令人振奋的行业。这个行业不仅在短期，更在中长期有很好的发展前景，在一个成长型行业里面，顺风而为肯定要比顶风前行好得多。对于年轻的创业者来讲，我建议他们，在这个非常时期把重点放在公司的深层上，理顺公司的现金流是确保公司得以生存的唯一方式。注意一定要把重点放在公司的生存上，也就是确保你的现金流上面。企业应该专注于产品，因为危机总会过去，真正差异化的产品可以让你在风云变幻中以更强的姿态矗立在市场当中。

现在来看苏世民的讲话要点：在走出这次疫情带来的经济下行

之后，中国很可能会是全球范围内最强的增长型国家，看到大势所趋就要大胆行动，如果你先于大趋势而动，你取得成功的概率就会大大增加，因为这个时候大多数人都会被吓得什么都不敢做，你无法控制每个人做的事，唯一能做的就是教给他们良好的价值观。如果我们要招人，必须招非常聪明的人，但是光聪明还不行，我们必须招诚实正直的人。我们坚信要有高水平的合作。我奉行零缺陷的文化，这意味着你可以在判断上出错，但在工作上绝不可以出错。

工作必须永远是准确无误的，交到别人手里的工作成果必须是完美无缺的，黑石有五十万员工，但我一直都把它看作一个小微企业，黑石的文化是不要有旁观者，如果你在场，你必须发言，你必须说你自己的想法而不是别人的想法。在黑石，即使你只有二十三岁，你掌握的信息也不亚于公司的高层员工。我们努力把每个人都当成公司当中最重要的人来对待，这是一种很美式的风格，当你把非常有才华的人当作积极重要的人来对待，他们会全心全意为公司的利益负责，因为他们的思想与你保持了一致。

因为疫情的原因，很多地方的县长都在互联网上宣传本地的产品，我也看到了某些著名的企业家宣布进军直播的举动。譬如，格力电器官方发布消息，董明珠在抖音直播间首秀。这就是时代的发展。到现在为止，直播带货早已经不再是薇娅、李佳琦、张大奕等“网红”的专利，越来越多的人走进了直播间。所以我们应该顺势而为。现在是互联网时代，面对即将到来的物联网时代，我们应该怎么办?

关于财富的思考，我们不要光盯在财富上面，而是要思考财富背后的东西，那就是你的智慧。企业家应该求智慧，光有知识还不行，应该去深悟。只有这样，生命才会有所不同，财富才会越来越多。我们一定要去思考，一定要去求知，要去寻找获得财富的智慧。只有这样，我们企业家的路才会越走越宽，我们人生的路也才会越走越光明。

谢谢大家!

心法

大家好：

今天给大家讲《心法》。

心法，核心就是控制你的情绪，保持你的微笑，增加你的智慧。有哲学家讲，真正掌握一个人命运的不是他的关系，不是他的金钱，而是他的天道思维。人们说一命二运三风水四积德五努力六读书等，那么在这个排行当中，排在最前面的就是我们的命运，为什么把命排在最前面呢？很多企业家一生没有什么功绩，于是都会去哀叹命运作弄人，自己的命不好，也没有好的机遇，老是去怪别人，老是去埋怨环境，为什么？这就是心法在作怪。

老子讲一生二、二生三、三生万物。他强调道法自然和无为思想。许多人对他这种无为思想进行批判，但是没有真正悟透它。道法自然思想就是天道思维，也是真正神奇的地方。决定一个人命运的，正是是否顺其自然。如果我们在正确的时候做正确的事情，我们的人生自然就不会出差错，即使你没有关系，没有金钱，最后也肯定会成功。

万法自然，也就是说自己是万事的根源，万事都由内因去寻找问题，事情的成功与失败都是我们本身的原因，不要去找任何的借口，也不要去抱怨，因为生命的喜悦和事业的成功都得依靠自己。为什么我一直讲积极心态，为什么要保持你的微笑，控制你的情绪，增加你的智慧，核心道理就在这里，也就是你要拥有自己独特的心法，让自己每天愉悦起来，每天保持春光明媚的心情，这样你才有好的状态去生活、去工作，让生命散发出智慧的光芒。

人这一生可以说短暂，也可以说很漫长，假如活到八十岁，我们也要活将近29220天。如此漫长的岁月，总有无限的美好等待我们去发掘，如果每天保持微笑，控制自己的情绪，不断增加我们的智慧，那么我们随时可以发现美好的东西。童年有童年的期待，年轻时候有年轻时候的期待，中年有中年的期待，老年有老年的期待，但不是所有的东西都可以唾手可得，很多美好的东西必须依靠我们的努力，依靠我们的智慧。期待是幸福的，因为有希望；期待也是美好的，因为让我们看到光明，所以人生必须要保持微笑，去等待去期待。

为什么要保持微笑呢？有人讲，人生在世还不是有时笑笑别人，有时候给人家笑笑。生命太短暂，没有时间去感叹。你如果笑过必会懂得世间风雨，山水终究会相逢。人生太短暂，我们没有理由去哀叹。你有哀叹的时间、生气的时间，还不如去努力、去保持微笑。我们在困难的时候坦然一笑就是一种豁达，在困难、在危难的时候，在灾难面前，不如先给自己一个微笑，让自己的情绪产生一种积极的力量，被人误解的时候也要微笑，这是一种素养。

人们多为你的成功而欢呼，但是却看不到你背后付出的艰辛的努力和辛勤的汗水。所以，受委屈的时候要淡然地一笑，这是一种大度；无奈的时候达观地一笑，这是一种境界；被别人中伤或者批评的时候平静地一笑，这是一种自信；遇困难挫折的时候粲然一笑，这是一种乐观。我们需要自己的微笑，这是给自己一种自信，给自己一种力量，也是给别人一种鼓励，给别人一种积极的心态。

有人说，微笑就像一缕春风安抚我们浮躁的心。微笑就像一米阳光，温暖我们冰冻的心灵。微笑就是一束鲜花，时时刻刻给人以美的感觉。生活需要微笑，就像植物需要空气和水一样。大家想一想，如果一个面带微笑的人出现在你面前会是什么感觉？如果一个冷若冰霜的人出现在你的面前，你又会是一种什么感觉？我们做父母的，如果天天给孩子微笑，孩子肯定很灿烂；如果天天一脸严肃，天天训斥孩子，孩子肯定是满脸的委屈、满脸的难受，所以我们多微笑吧。

为什么要控制自己的脾气？因为脾气决定一个人的人缘，影响一个人的福气。我们一定要有一个好的脾气，没有好脾气，就没有好的人缘，也就很难有事业的成功。一个脾气很差的人在社会上的名声也不会太好。林则徐在自己的办公场所挂了一幅条幅警示自己，那就是制怒，要控制自己的坏脾气。

怎么样控制自己的脾气呢？第一要平静，要心平气和。生气的时候让内心静一静，烦躁的时候让自己等一等，等待自己的灵魂让自己心平气和。我有一次在广东跟一位方丈聊天，说广东人喝茶之所以喝工夫茶，就是为了让自己的脚步慢下来，让自己的心静下来。心静以后才去跟人家交流，才去跟人家谈生意，这样才会有效果。那位方丈非常赞同。第二就是让、宽容。让是一种气度，是一种体谅，用宽容来求平和，选择放下，用包容来赢得人生。让谁不是欠谁，让谁不是怕谁，而是不想因为一件小事与人，特别是同事、朋友、亲人发生矛盾，退一步海阔天空，让一让风平浪静，我们应当让彼此双方的感情不至于出现波折，以求更加平稳。第三，要看淡。争什么，什么就会让你烦，计较什么，什么就会让你累。为了一些小事情烦恼不断不值得，凡事看淡点。得到和失去其实没那么重要。现在的苦辣都是人生滋味，一切都会过去，不要把这些东西放在心上，特别是对所谓的金钱名利更要看淡一点。看淡一点，也许你会得到更多。

面对不公平的待遇，比如说被别人欺骗，比如说被别人诋毁，比如说被别人疏远，我们一定要心平气和。我们生活当中会遇到各种各样的让你烦恼的事情，让你上火的事情，让你发火的事情，但是请千万不要冲动，因为那样的话，我们的内心会压上更大的磐石，我们要用心法去灭火。冲动解决不了问题，生气更是火上加油，生气的时候，保持沉默，安静一下，用微笑去面对人生。宁静修身，淡定养心，大度铺路，和气生财。

再来说说增加智慧。人类社会近五百年，从农业革命到工业革命，从信息革命到生物革命，从最早的航海国家，葡萄牙、西班牙，再到荷兰，再到法国，再到英国，现在又到美国，各领一时风骚。纵观这五百年的世界历史，我们就可以看出农业革命、工业革命、信息革命到生物革命的这种变革的历史发展趋势。面对复杂变化的社会，我们更要增加自己的智慧。

看北大一位教授的一篇文章很受启发，相信它对企业家朋友有些帮助。文章说当疫情在全球蔓延，我们很多的出口外贸企业受负面影响比较严重，按照以前的说法，这些企业是两头在外的，原材料从海外进来，最终的市场要到海外去，那么在目前这种形势下面，他们的订单大幅减少了，怎么办？企业应该做短期与长期的两手准备。短期，企业需要寻找替代性市场；长期，企业家要懂得顶层设计。北大教授的这两个建议供大家参考，我觉得讲得很对。大部分人考虑的是风险和收益之间的权衡舍弃，但是流动性是非常重要的，一定要保留三到六个月甚至更长时间的现金流。

受《了凡四训》启发，这里有十点建议供大家参考，对提升智慧非常有帮助。第一，但行好事莫问前程。也就是说人要善，你要去做善事，只问耕耘，不问收获。第二，改命的开始就是不断地反省自己，要不断检查，特别是企业家，每个礼拜一定要开早会，要召集企业的高管坐在一起，要讨论面对复杂的世界，我们企业存在什么问题，应该怎么解决。第三，效法天道，方能趋吉避凶，我们一定要顺势而为。第四，人无远虑，必有近忧，一定要防范风险。第五，善不积不足以成名，恶不积不足以灭身，所以人一定要多行善多积德。第六，为鼠常留饭，怜蛾不点灯，人一定要有这样的智慧：留有余地。第七，命运我造福，自强者天助也。第八，水至清者常无鱼。第九，务要日日知非，日日改过，人一定要改正自己的缺点，也就是一定要每天都修身养性。第十，求在我，不独得道德仁义。内外双德，内外双修是提升自己智慧的最高境界，命运自有安排。

作为企业家，一定要抽点时间好好读读《了凡四训》，曾国藩等著名的人善于改变命运，和多读《了凡四训》等书不无关系。多读书多行路，增加自己的阅历，增加自己的知识，提升自己的智慧，我们的命运肯定会越来越好。

谢谢大家！

会说话

大家好：

今天讲《说话的艺术》。

人人都会说话，但其实并不是每个人都会说话。有些人说话靠谱，做事靠谱，一言一行有板有眼。而有些人，说话不靠谱，做事更不靠谱，他的人生就是失败的。会说话的人事半功倍，古人讲，良言一句三冬暖，恶语伤人六月寒，所以我们一定要提高说话的技能。

为什么有的人能得到人们的喜爱？因为首先他会说话，其次是做事靠谱、人品好。有些人为什么让人讨厌？因为不会说话，处处让人烦。过去听过一个故事，说是有一个人去参加一个小孩的百日宴请，许多人都赞美，哎呀，这个孩子将来前程远大，走的都是金光大道，处处都是好的东西，好的事。但是有一个人，迸出来一句话，说这个人将来会死的。虽然他说的是实话，但是满屋子的人都拿起凳子砸他，主人愤怒地把他赶走了，这就是会说话与不会说话的区别。

有的企业家经常说大话，忽悠客户，一开始还有人相信，时间长了是自取其辱。说话以“我”为中心，烦恼不断。以“您”为话题，快乐不少。

我们许多人都是由着自己的情绪来说话，情绪好的时候口气就好，情绪不好的时候口气就硬。遇到喜欢的人说话态度就好，遇到自己不喜欢的人或者不喜欢的事情，说话态度就比较恶劣。什么时候你控制了情绪，提升了说话的水平，你的人生修炼就到了一定的等级。所以说话让人舒服，这是做人的一个非常重要的技巧。什么时候把话说好了，让听的人比较舒服了，你的人生境界也就达到了一定的高度。

许多人往往都是看人说话看人下菜，对地位高的人、有钱有势的人说话就恭恭敬敬，而对于有些人就比较轻慢，甚至用傲慢的口气去跟人家说话，所以经常招人恨，招人骂。我们要经常检讨自己：一是检讨自己的情绪有没有控制好。二是要检讨自己是否做到了平等待人，是不是在心平气和的状态跟别人说话。学会说话就是自己最重要的一种修行。

怎样提高自己的说话水平呢？这里有些要点供参考。第一个要点，说话的时候要含蓄些，为彼此以后的交往留下余地。另外，说话的时候要尽量谦虚，满招损谦受益，此为天道，为人处事，谦虚低调是永远的道。说话一定要客客气气，哪怕对方再讨厌再傲慢，令自己感到再不舒服，说话也要对人客气礼貌，这是一种修养。即使别人不会说话，不客气不礼貌，我们也一定要客气有礼貌。说话要有分寸和一定的弹性，话不要说得太死。我碰到有些人说话非常傲慢，说话非常刁怪，为什么？他头上戴着亿万富豪的帽子，他头上戴着权贵的帽子，他头上戴着美貌的帽子，所以习惯了任性地去说话。说的时候别人听了就是不舒服，但人们不说，让他侃侃而谈。这种人不但没有给人留下地位高贵和富有的印象，反而背后经常遭人痛骂，为什么？就是这个人不会说话。所以做人要谦卑，这是一个天道。

第二个要点，表达自己的观点，要避免伤害别人的面子，要尽量隐晦一点，点到为止，不要直通通地去表达自己的意见。表达意见的时候，正话反说或者反话正说，可以让别人自行思考和醒悟，可能效果更好。表达意见的时候，还要考虑到对方的情绪。如果是正面表达，会触怒对方，那么不妨轻轻一点拨。这里的关键就是要照顾对方的情绪，要考虑对方的面子，这样效果可能会更好。所以我们说话的时候要多说好话，多赞美，多做铺垫，不让对方感觉到难堪，这些都是说话的小技巧。

第三个要点，就是讲道理，一定要和气不要生气，你自己不生气，控制情绪，也要让对方心平气和，不去生气，会这样谈话你就是胜将。你客客气气，别人就容易接受；如果你恶声恶气、连怒带骂去讲道理，别人可能会很反感。说话的时候不要把自己心里的一盆脏水往对方身上浇，这样只会让谈话的效果越来越差，甚至连脸面都没了，讲道理要维护对方的面子和尊严，打人不打脸，揭人不揭短，就是有理也要让三分，不要得理不让人，我们一定要避免争吵。即便有争执，情绪一定要保持冷静，说话要有容人之雅量，说话的时候多用“您”字，少用“我”字，不要去标榜自己，不要去吹捧自己，要多赞美对方，这样的谈话效果会更好。每个人都有长处，每个人都有短处。会说话还体现在多肯定对方的努力，多肯定对方的成绩，多肯定对方的长处。有时候不妨先调侃一下自己有哪些短处，让对方心情放松下来，这样彼此之间谈话更有情趣。说话的时候，你可以谦虚地问一点生活的问题，虚心地向别人请教一些工作的问题，这样效果、气氛可能会更好。

第四个要点，就是怎么批评。因为批评人是难免的事，在我们的生活当中或者工作当中都会有这样的时候。批评人某种程度上讲就是伤人，所以更要注意方式。伤人不伤心，效果也许更佳。批评一定要注意分寸，点到为止，有些话不要直来直去，应该委婉。批评的时候也可以“假意”地赞美。人常说忠言逆耳，但是忠言也可以不逆耳。批评要当面说清楚，不要在背后说三道四，所以当面批评是君子。批评要就事论事，实事求是，不要对人恶意中伤。说话的时候一定要保持冷静，在冷静当中会产生很多智慧的语言，会发挥自己敏捷的思维能力和语言的应变能力，这时候更要注意控制自己的情绪。有些人为什么一开始说话都很好，气氛也很好，到了后来情况就急转直下，关键是说话的人自己无法控制自己的情绪，说着说着火气就上来了，说着说着怒气就上来了，以至怒发冲冠，最后把对方一顿痛骂。自己痛快了，但是对方心里就难受了，疙瘩就结下来了，最后大家不欢而散。

学会说话，不断提高自己说话的水平，这应是我们每天的必修功课。会说话其实也是一个智慧的问题，也是一个哲学的问题。

谢谢大家！

提升智慧

大家好：

今天讲《提升智慧》。

跟企业家朋友讨论，同样是创业者，为什么这个人会说话，另外一个人不会说话；这个人人品好，另一个人人品很差。关键在哪里？关键就在于智慧等级到了没有。智慧问题其实就是一个人的修养问题，什么时候都要不断地提升自己的智慧，让智慧来观照我们的心灵。

佛度有缘人。跟三季人无法讲冬天冰的事，因为这样的人只能活到秋天，他根本不知道冬天的冰。我们经常讲少跟三季人谈什么是智慧这个事情。三季人其实就是缺乏智慧的那种人。

有个朋友给我发了一篇微信上的文章，非常好，题目叫作《人生最难的是什么?》。文章认为，人生最难保持的是健康，人生最难解释的是幸福，人生最难处理的是关系，人生最难做好的是细节，人生最难改变的是习惯。人生最难平衡的是心态，你的心态好不好决定你的人生幸福不幸福。人生最难找到的是知音，所以古人讲人生得一知己足矣！平时你周围可能会围着几十甚至上百人，但是真正到了有难的时候，就能够看出来谁是假朋友，谁是真朋友。

有人说，教育的本质是培养人对生命的态度，也就是说，一个人的智慧核心是对人生对生命的态度，所以我们如何心平气和地生活，如何提高我们的大智慧、大格局其实就是如何让我们的生命光辉灿烂。生命之光和智慧的心灯是我们人生幸福的基石。

有个著名企业家上抖音的事，评价好多，褒贬不一。这里我想到了一个扬长避短的智慧问题，也就是说，“网红”不是那么好做的，像上抖音，有些人提出来可不可以请合适的人跟他一块来主播？我很佩服这个企业家的勇气，但是我们每个人一定要发挥自己的长处，避免自己的短处。另外，如果某一方面刚好是自己的短处怎么办？一定要请高人，请能力强的人来代替去做事情。

格局越大越懂得宽容，情商越高越懂得低头。宽容就是度量，谦卑就是分量，合起来就是一个人的人生质量。自己一定要扬长避短，这是一个智慧问题。那么用人呢？更需要扬长避短，人各有所长，不可能面面俱到，所以用人必须用对方的长处避对方的短处。

我们如果用的是对方的短处，那就是企业家自己的智慧不够，是愚蠢。用人所短灾难不断，我们一定要清醒地意识到企业家面临的两个核心问题：一个是企业的战略问题，一个就是用人的问题。如果这两个问题把握不好，企业家就会每天疲于奔命，这个企业肯定完蛋。

人生有智慧陪伴，你就会幸福无比；如果是愚蠢相随，那么就会灾难不断，烦恼不断。家里有一筐梨，你是先挑好的吃还是先挑坏的吃？人生就好像吃梨，如果每天在意不开心的事，一辈子都会非常闹心；如果把闹心的事放一放，你每天都会阳光明媚。

智慧的提升还在于人生在世不要去攀比。人生的主体是自己，过好自己的日子，享受自己的生活才是王道，无论如何，不要去攀比，攀比会让你的生活充满烦恼。人生的智慧还在于不要活在别人的议论当中，要安心安静地做自己的事情。我以前讲过寒山寺两个高僧的对话，一个问：别人诽谤我中伤我怎么办？另外一个回答，你就让他避他，等上几年再看他。议论你的人已经腐烂下去，而你安心做事，活得很灿烂，所以人需要这么一颗智慧的心来保护自己。

有人说我对这个人这么好，但是只要有一件事做得不好，他就对我恩将仇报，真的很烦恼。我说人生有时候就是这样的，一百减一等于零，这就是人性，朋友之间是如此，亲人之间也是如此，所以朋友之间退步为上，亲人之间让一步为高。受过人的滴水之恩理当涌泉相报，这也是做人的道理。别人对你不好，你不要挂记在心上。我们自己做人要堂堂正正，要懂得报恩感谢，这才是正道。

有一个关于诚信的智慧的故事。1875年，这个故事的主人公出生了。1896年，她嫁给了自己富裕的远房亲戚，但是在1934年，她的独生女死于肺炎。1942年，她的丈夫去世了，而在1963年，她的孙子也去世了。但是她却非常健康地生活着。到了1965年，当时她已经九十岁了。有一个四十七岁的律师跟她签了一份协议，就是同意支付她每个月的生活费直到她去世，作为回报，老人去世后，房子将归这个律师所有。

当时的人有个习惯，他们喜欢以这种方式购买老人的物业，一方面可以让年老的业主留在自己的物业里安心养老，另一方面买家又可以有机会获得意外的收益。因为老人九十岁了，这个律师就想，她能活多长时间？当时这个律师认为自己算得很精，每个月支付她两千五百法郎，连续支付十年，也只是跟这个房子的价值差不多。除非这个老太太活到一百岁以上。这个生意肯定是稳赚不赔。

聪明的律师却忘了一点，他没去调查这个老奶奶的家族背景，因为这个老奶奶家里的人都非常长寿，她的哥哥活到了九十七岁，她的父亲差不多活到了一百岁，而她的母亲也活到了八十六岁，于是一场马拉松式的关于诚信的践约就开始了。一年两年三年，很奇怪，到了一百岁的时候，老奶奶还骑着自行车在城市里闲逛，到了一百一十四岁还到处行走，行动自如。

我到目前为止，见过一个一百零八岁的老爷爷，我都叫他爷爷，就是文怀沙老人，但是他在2018年去世了，所以我很难想象，一百一十四岁还能够到处行走，真是罕见。

老奶奶活到一百一十四岁时，这个律师已经是赔惨了，虽然懊悔，但是他一直遵守诺言，就是每个月支付她两千五百法郎的费用。没想到老奶奶一百一十七岁的时候，这个律师却死了。这个律师死的时候，委托他的妻子继续支付这个老奶奶的费用。到了1997年，这个老奶奶去世，享年一百二十二岁。

企业家走上成功之道四个标志：第一个是勤奋，第二个是敬畏，第三个就是诚信，第四个是精益求精。做人必须要讲诚信，分析了几百个企业家成功和失败的案例，讲诚信的企业家多数都是成功的，而坑蒙拐骗、不讲诚信的人最后都是失败的，所以做人必须要有诚信，诚信才是人在社会上活得智慧、活得灿烂的根基。

谢谢大家！

开启智慧

大家好：

今天讲《开启智慧》。

企业家如果智慧不够、认知不足怎么办？第一，要不断虚心学习，与时俱进，知行合一，提升自己的智慧；第二，要多找高人指点。自明者自悟，不明者他度。一个人的知识面有限，认知也一样，不可能面面俱到。要多向各路高人学习，得到他们的教导，是幸福的事情。

曾经听到一个开启智慧的商道故事，很有启发。有一个小有成就的房地产开发商，给一个别墅楼盘打下投资几千万的地基以后，搞了一个小范围的酒会，庆祝地基的完工。在这个小范围的酒会上，他的朋友带了另一个朋友来，其实这个朋友是金融和地产界的高人。吃完饭以后，朋友的朋友就对企业家说："感谢您精美的晚宴，我呢，说几句话，如果说得不对，请您多包涵。我感觉到，您现在在这个地方做别墅地产，是非常短视和错误的。您现在花的都是冤枉钱，因为随着城市的不断扩展，您现在认为比较偏僻的地段，过不了几年就会变得很繁华。如果在这个繁华、喧闹的地段当中，你盖了几十幢别墅，肯定卖不出去，因为它们已经失去了别墅的意义。所以我建议您在这地方造十五层左右的高层公寓房。四周是房子，中间呢，把空地留出来都做成城市花园一样的绿化地。这样您肯定是赢家。"

这个高人说完以后就客客气气地走了。当天晚上，这个企业家一夜未眠，心里非常纠结，花几千万费用建好了别墅地基，现在要将项目变更为高层公寓房？非常地纠结、闹心。如果说按照自己原来的设想，再投下去几个亿，一年之内就能把这些别墅建好，马上可以进行销售，获得回款。但是，要是真像这个高人分析的，把别墅地产砸在手里，那损失的可不是几千万，而是几个亿甚至更多。于是他把高管团队叫来深入分析和讨论，不断地推演论证，大家一致认为这个高人讲的是对的。于是，企业家果断地把原来的地基给拆除，按照高人的要求重新规划。

经过几个月的艰苦奋斗，原来的别墅项目变成了当地最好的高级公寓楼盘。完工之日就一售而空，取得了巨大的成功。所以说企业家开启智慧是非常重要的。在自己不明白或者受局限的时候，能够得到高人指点，是非常幸运的事情。

许多企业家本来是想做优秀项目，但是结果却做成了不良资产。有一个案例也是非常有教育意义。有一个房地产开发商拿到一块地，不管当地的环境条件如何，只按照自己的设计，想建成最好的别墅房，不管别人的反对，总共投资了几十亿。结果完工之日，就是亏损之时。售价上亿的别墅几乎无人问津。为什么？这个企业家的智慧不够。不听智者言，吃亏在眼前。在这样的地点，怎么可以建别墅？且不说国家对别墅销售的调控政策，光说几公里外的大墓地，就让人不敢买。这个企业家认为自己最聪明、最智慧，结果却摔了跟头，亏得一塌糊涂，一蹶不振。

谢谢大家！

不进则退

大家好：

今天讲《不进则退》。

世界上只有三件事：一件是自己的事，第二件是别人的事，第三件是老天的事。我们许多人的烦恼常常来自忘了自己的事，去管别人的闲事，也担心老天都管的事情。其实人生的幸福就来自内心的宁静，来自做好自己的事情，少去管别人的事情，不要去操心老天的事情。有时候我们关心是对的，但是不要去瞎操心。每个人尽自己的本分，努力去做好工作，去幸福快乐地生活，为社会、为国家、为人民多做奉献，就是最好的。

社会在进步，生活在继续，我们还要不断地努力。无论什么时候，无论是顺势还是逆势，无论是在灾难前面，还是在平常的时候，我们都要以一颗平常心用智慧去生活。人生就像江河里面行舟，不进则退。但是有时候我们经常很纠结，该迎合别人还是做好自己？许多人往往都是去迎合别人，去顺应别人的眼光，其实做好自己才是最重要的，要努力去做好自己。

对现在这个世界，大家有很多的疑惑：比如说疫情的冲击有多严重，它的时间周期怎么样；比如说全球化走向何方；比如说供应链如何调整，特别是那些做外贸的企业，两头在外，这些企业家非常痛苦；比如说中国经济的稳与变如何把握；比如说全球治理怎样与时俱进，危和机的关系怎么处理……许多企业家非常烦恼也非常纠结，我们应该怎么办？这就是进和退的问题。

当前的经济运行，可谓冰火两重天。有的企业破产活不下去了；有的企业却借着这个或者那个灾难，借着这个疫情或者那个危机蓬勃发展，两极分化非常厉害。那么为什么会有这些差异呢？也就是不进则退这一个哲学道理。我们看最近都在讨论“水”财富，经营农夫山泉的企业家已经成为中国首富，这个企业依靠什么成功的呢？主要是民生经济给他带来了很多财富。我们再来看2020年在疫情当中逆势而上的很多企业的成功案例，仔细分析它们为什么能扬长避短，得到快速发展。

不进则退，我们一定要与时俱进、顺势而为。现在这个顺势，第一就是顺抗击疫情的势，那么多用户都在改变，比如说在线教育、在线办公以十倍百倍量级加速增长。第二就是顺国家的势，我们国家要抗疫救灾，拯救经济，扩大就业，我们一定要意识到这些势。第三就是顺行业的势，不同行业不一样。现在电商的一大变数就在于直播，最近一段时间，好多区长、县长、市长都上直播去宣传带货。但是，这样的现象会长久吗？大家应该思考。

虽然抖音、快手等平台成长很快，但是这样的趋势也在改变，怎么样与国家发展、保障民生、防范疫情这些社会需求相呼应，使企业得到长足的发展，成为企业家必须思考的问题。有些企业逆势而上，有些企业在逆势中被慢慢淘汰。面对危机，面对疫情，我们企业家应该怎么办？第一，一定要顺应前面讲的三个“势”。第二，一定要得到国家的支持、人民的欢迎，我们一定要去做国家鼓励的、国家指导的项目。第三，要分析行业的特点。我们一定要跟时代同步，与时俱进。大家看看电商平台像苏宁易购、唯品会等，最近一段时间发展的势头都非常迅猛。企业家们经常问，什么样的生意是好生意？企业的发展都是有周期性的，而且永远是长江后浪推前浪，如果停滞不前，或者居功自傲，那么有可能被后浪所追赶。企业家一定要有清醒的头脑和智慧，保持低调稳健发展的风格，只有这样才能在马拉松赛跑当中取得胜利。

我们企业家应该有大格局、大智慧。不确定的世界、不确定的经济环境，虽然有巨大的风险，但是也意味着巨大的机会，我们不要去瞎操别人的心，应当努力做好自己，尽心尽力地去做好自己，为国家、为人民、为客户多做奉献，多做创新的事业，逆势而进。我们一定要牢记不进则退这个道理。

谢谢大家！

人生的智慧

大家好：

今天讲《人生的智慧》。

有人说："人们在一起可以做出单独一个人所不能做出的事业；智慧、双手、力量结合在一起，几乎是万能的。"亚里士多德把人生能够得到的好处分为三大类：一类叫外在之物，第二类是人的灵魂，第三类是人的身体。而叔本华也提出了相类似的观点，认为决定普通人命运的就在于三项：第一，人的自身；第二，人所拥有的身外之物，比如说财产等；第三，你向别人展示的样子，也就是别人对你的看法。

人的自身也就是属于个人的东西，包括健康、力量、外貌、气质、道德、精神、智力以及潜在的能力。托·布·里德说："在日常事物的自理中，一盎司习惯抵得上一磅智慧。"有一个学生曾跟我讲："我每天都要睡到上午十点，晚上三四点才睡觉。"我说："虽然你是博士，但是你却没有智慧。春天正是养肝的季节，要早起早睡，最好晚上九点到十点入睡，早上五点多起床。而你却反其道而行，所以你的身体肯定不好，你赶快把这个坏习惯改过来，提升你的健康智慧。"

身外之物，也就是你拥有的身外的东西，比如说，财产等物质的东西。你向别人展示的样子，就是别人对你的看法，也就是我们讲的你的口碑怎么样，比如是否善良，人品好坏，是比较刁蛮还是宽厚等，也包括名誉、地位、名声等。

我们在工作和生活中经常感觉到智慧的重要性。比如说觉得这个人有智慧，那个人没有智慧。有一个企业家问我，他说每天时间不够用，感到很烦恼。我说我看了你的手机微信，你天天刷手机，发朋友圈，都在圈子当中混，你能不累吗？一个人一定要远离无效社交。朋友不是越多越好，所谓的朋友只是你所谓的圈子。过去我批评过一个企业家，他一个微信群就拉了四五百人，我说你每天就忙这些，整天为别人而忙，那你自己的事业呢，怎么办？

二十多年以前还遇到过一个企业家，年轻的时候婚姻也不错，对方的条件也很好，但是他却把这些东西当成自己的资本。到处去赶朋友的场，到处去拼酒，到处去炫耀，到处去攀比，到处去听别人口中所谓的那些赞美的话。没想到过了不到十年，对方见他不求上进，每天都喝得醉醺醺的，就跟他离婚了。他的口碑也不好，现在人也到了五十岁，还是一事无成。你到底要有什么样的人生智慧？什么样的智慧就得到什么样的幸福。

我们看看齐白石老人的智慧。他五十七八岁做“京漂”。向人生顶峰不断去努力，不断去冲击，最后成了一代名家，受到了人们的称赞。所以人在事业上面要往上去比，不断去努力；在道德上面要往上去比，向品行优秀的人学习；在物质条件追求上要向下去比，这样你会感到越来越幸福。我们现在很多人心里没有道德标准，没有事业目标，每天混吃混喝，时间长了最对不起的还是你自己，因为你的人生是愚蠢的，一辈子都是瞎过的。

我常劝我的学生和朋友，不要把太多人请到你的生命中来。你想想，一个人的生命说长不长说短不短，没有人知道下一秒会怎么样，不要把有限的时间浪费在无谓的人和无谓的事情上，就像以前讲的，人生就是三件事：自己的事、别人的事、老天的事，你老是去瞎操心别人的闲事，你的时间就都被它浪费了，一天两天还行，但如果一年两年三年五年，那你的人生就非常糟糕，因为你什么都没有，所谓你的知识、你的学习、你的工作、你的功绩等一概没有。

人生的智慧还表现在如何走人生路上关键的那几步。一生之中，我们会遇到各种各样的坎坷，这些也是人生难熬的关卡，我们必须把这些跨过去。人的一生没有一帆风顺的，总有顺境和逆境，我们在逆境当中、在低谷当中要有熬的本领。要有积极心态，要认识到磨难在让我们痛苦的同时也锤炼了我们的品格与能力，也区分了你身边的朋友到底是真朋友还是假朋友。

美国前总统林肯讲，四十岁以前，容貌是父母给的，而四十岁以后容貌是自己修的。其实也可以说人生三十岁以前是父母给的，三十岁以后是自己努力打拼的。人生的智慧在于战胜内心的孤独，要跨过感情当中的挫折。

最重要的智慧是自己努力，是自强、自信、自立。如果人生道路上没有自强自信支撑，总去外求而不去内修，那么你的人生道路肯定是灰暗的。过去经常讲成者为王败者为寇，拿一个著名的企业家做例子，他十八岁的时候看了路遥的《人生》，下决心一定要考上大学，他通过二十年的拼搏做成了一个大企业。

智慧还表现在懂得在利益面前吃亏是福，宽以待人，严以律己。以前听朋友讲过一个故事，非常感慨。有个企业家，企业做得很不错，就是对人比较刻薄。他在郊区买了一幢豪华别墅，跟邻居发生了矛盾。因为他要在墙边种一棵很大的树，他的邻居说，你种树以后会把我的房子的阳光给遮挡了，接下来发生了争执。最后他一怒之下就把这幢别墅毁了，运来几十车的臭鱼放在他的地下室里。最后他自己的好名声没有了，企业也完了。

你种善良就会收获善良，你去行恶只能得到恶果。所以人生道路上要把善良的心灯点燃，要多去感恩别人，多去奉献社会，为国家服务，多去想别人的好，这样你的人生路才会越来越宽广。要更多地与智慧的高人去结交，离开那些与生命没有关系的且耗费你精气神的东西。

谢谢大家！

管理好自己的情绪

大家好：

今天给大家讲《管理好自己的情绪》。

管理好自己的情绪非常重要，它是人生智慧的一个重要部分。经常有朋友问我，为什么有些人脾气很好，而有些人脾气很差。其实这是一个人生智慧的问题。有一个企业家，几年前告诉我，他的父亲对外面的人脾气特别好，但是对他妈妈的脾气却非常差。他母亲为此非常痛苦，并且好多次都想跟他父亲离婚，直到离世的时候都不肯原谅他父亲。他父亲其他方面都不错，企业也做得很好，就是脾气不好，脾气一上来，就暴露出了人品的缺陷。

为什么他母亲认为他父亲人品有问题？其实他父亲辛辛苦苦把

这个家管好，功劳是非常大的。但是因为他对亲人尤其是对最亲的人脾气不好，于是就把这个家给毁了。我们经常讲，如果一个人连自己的情绪都控制不了，那么即使给他整个世界，他也早晚会毁掉一切。虽然情绪不是你生活的全部，但是情绪却能左右你全部的生活，所以管理好自己的情绪是人生的一个大课题。

有时候，我们会碰到明明可以好好说话的事情，对方却忍不住破口大骂。有些人一遇到重大的事情就翻来覆去睡不着觉，因为失眠而饱受折磨。有些人控制不了自己的情绪，整天情绪低落，别人看着也很难过。这些表现，就是因为管理不好自己的情绪。对此，我们一定要高度重视，因为脾气影响我们的生活，影响我们的工作，甚至影响我们的人生。

我在一篇文章中看到，有人说特别佩服华为的任正非，因为任正非有一百个理由去发脾气，但他知道与国家利益相比，华为公司的这些委屈算不了什么，所以他就控制了自己的脾气，控制了自己的情绪。为了国家利益，为了公司利益，他用他的大智慧应对危机。他说让华为生存下来的唯一措施就是向一切先进的老师学习，狭隘的民族感情和民粹主义会导致华为二十多万员工没有饭吃。对华为来说，最重要的是冷静沉着，而不是耍无谓的脾气；热血沸腾的口号满天飞，但如果打仗不行，那空喊口号也没有用，能打赢才是真理。这就是真正的大侠任正非。为什么他能够成功？我认为是因为他能够控制住自己的情绪，散发正能量，并把满满的正能量带给公司员工，引领公司走在健康的道路上。这是他真正的大智慧所在。我们要好好学习他，控制自己的情绪，不能乱发脾气。

所谓情商高，其中一条就是能够严格管理自己，控制好自己的脾气。一般来讲，情商高的人往往能够从容化解自己内心的纠结，也能够从容化解人际交往过程当中的难题。我们经常说，一个人变得更加成熟稳重了，其实也是暗示对方情绪更加稳定了，情商更高了。我们要好好领悟这句话，这就是精髓所在。情绪稳定的人，不但能够照顾好自己的情绪，还能和周边的人和睦相处，让大家感到安心放心，因而深受大家欢迎。一个人经常发脾气，会让别人感到很害怕，因为谁也说不定他什么时候会翻脸。

有一位著名的心理学家认为，情绪稳定的人普遍具有无条件接纳自己和他人的能力。需要注意的是，他说的是能够无条件接纳自己和他人的能力，具有这种能力的人能够更加客观地看待生活当中的人和事，并不加以批评性的眼光。我们一定要用快乐的心去包容自己，用快乐的心去包容别人，与自己和别人和睦相处，这样才能够天天都像过节。要放下你纠结的包袱，让心灵洗个澡，好好把心灵清扫一下。

圣严法师讲，有德即是福，无嗔即无祸，心宽寿自延，量大智自裕。生活不是一帆风顺的，每个人都会有情绪，发脾气是你的本能，但是管理好情绪就是你的本事。情绪像水，必须去疏导，而不能去堵它。学会控制自己的情绪，不能把情绪看得过重，因为它也是一种心理过程。稳定的情绪，就是一个人顶级的人格魅力。我们要让自己变成顶级的人，最重要的就是要控制自己的脾气。

尼采认为，如果情绪总是处于失控状态，人就会被感情牵着鼻子走，丧失自由。冲动是魔鬼，一个无法管理好自己情绪的人，就像一颗随时会爆炸的炸弹，不仅会伤害别人，也会伤害自己，所以优秀的人早就戒掉了情绪。有些人事业本来明明很成功，生活也很成功，但就因为脾气把工作丢了，把自己最亲爱的人赶跑了，所以我们要学会控制情绪，把那些坏情绪戒掉。

以前还听到一个故事，作家李敖经常在各种场合痛骂自己曾经的朋友余光中，甚至说他是马屁诗人。有人就去问余光中，李敖天天找你碴，天天骂你，天天发脾气，说你这个不好，那个不好，而你从不回应，这是为什么？余光中非常机智地讲，他天天骂我，说明他生活当中不能没有我，而我不搭理他，证明我的生活可以没有他。余光中不但不生气，还很幽默，很智慧，这就是人生的大智慧。

有一位社会心理学家有个理论，人生当中10%的世界是由发生在你身上的事情组成的，而另外90%是由你对事情如何反应决定的。所以无论什么时候我们都要控制好自己的脾气，因为智慧的人知道让情绪无限地发泄是危险的事情，也是一种比较低下的行为。我们面对流言要从容应对，面对各种各样的事情要淡然处之，做到泰山崩于前而面不改色。这是一种大智慧。不乱发脾气，能够控制好自己情绪的人，在赢得别人尊敬的同时也会为自己带来好运。

谢谢大家！

修身养性

大家好：

又是明媚的一天，今天讲《修身养性》。

不久前去看望一位德高望重的企业家，他已经八十岁了，但是丝毫看不出来高龄，为什么？因为他保养得非常好。我跟他只有短暂的一个小时的交谈，但强烈地感觉到他人生的智慧，感觉到他对修身养性的重视。比如说吃饭有度，做人有节，说话有分寸等。从中，我学到了一种很重要的智慧，那就是要修身养性，每天都是修行。比如说吃饭，他从来不多吃一口。最好的东西，他也只品尝一下，饮食有度。比如说道德修养，他始终都是在严格要求自己，对别人特别宽厚。对于这样的老师、这样的长者，我内心充满了崇敬。与这样的人交往，我内心充满了喜悦。每次去看他，我都感到能有这么好的一个人生榜样真是幸运。从他那里，我能发现自己的不足，他就是一面最好的镜子。做人有分寸，说话有度，那么怎么样才能做到这些，进而提升自己的能量呢？

人为什么会得病？中医讲，主要是因为你的内心。如果内心是烦恼的，痛苦纠结的，那么你的身体就会相应生出各种各样的疾病来，所以我们一定要修身养性。修身养性，也就是让你的生活充满喜悦，让你的健康得到保证。中医讲一个人的心经不通，就是说你的心理有问题。心理有问题，那么身体就会有问题。我反复琢磨这句话，觉得非常有道理。

老先生告诉我说："一个人的所谓的命运，是由三方面构成的，一是他的体能，也就是他的健康。二是他的智慧也就是智能。三是德能，也就是道德水平。"仔细来分析的话，如果用树来打比方，一个人的道德是树根，那么智能，就是树干，体能也就是树枝。我们修身养性，要从这三个方面来修。首先要把道德修好，让树根扎得更深。

修身养性就是在增加你的能量，你有多少能量就能做多大的事业，所以修身养性，实际上就决定了你的命运。如果一个人是非常宽厚的，心态是非常平和的，平时是多做善事的，多为社会做奉献的，那么这个人的能量场一定很大。一个能量场很大的人，他的命运就很好。反过来讲，一个人整天在埋怨别人，生性多疑，优柔寡断，那么这个人做事就很难成功，因为别人也无法跟他真正成为朋友，他的能量场就很小。

那么怎么来修身养性呢？首先要静下来。老子《道德经》里讲："致虚极，守静笃。万物并作，吾以观其复。"静是修身养性的最高境界。让脚步慢下来，让心静下来，心平气和地去学习，去工作，去奉献，这是修身养性最好的一种境界。

我们要提升自己的免疫力，那么免疫力从哪里来呢？中医讲正气内存，邪不可干，邪之所凑，其气必虚。一念起，一念灭，无不取决于你的内心，一个人追求的欲望越多，他的能量场也就越分散，那么产生的对外的作用力也就越小，保护自己的免疫力也就越弱，这就是为什么要内修的原因。静心，心平气和，这就是大智慧的哲学道理。

修身养性做得好的人，他的人生态度是乐观的，心态是积极的，他的人生每天都是向上的，充满了热情、希望和信念，一心想为国家为人民多做贡献，这样的人就是一个充满正能量的人，他的场是充盈的，免疫力是强大的。所以我们每做一件善事，每发一颗善心，其实都是在修身养性，是在不断增加能量。

修身养性的人每天都在积蓄正能量，每天都在和谐地生活。他会不断地去学习，学习别人的长处；不断地去鼓励，鼓励别人进步。对于生活，无论是顺境还是逆境，他始终充满着喜悦的心，健康地诚实地对待自己，同时也真诚地对待别人，所以他的内心始终处于丰盈的状态。

修身养性会让你充满欢喜，让你有慈悲的心，有包容的心，并且让正能量不断地流入你的身体里和心里，帮助你打开智慧的门。这样你的人生就完全变样了。如果一个人不去修身养性，那么他经常会充满怨恨、恐惧、无奈、妒忌和烦恼，身上都是满满的负能量。负能量会加速人的衰老，并可能导致死亡。

修身养性能够帮助自己健康长寿、幸福快乐。修身养性让内心更加安详心平气和，让我们活得更加健康，更加幸福，更加快乐，更加智慧。让我们在每天的生活当中、在工作当中修身养性，让生活和工作成为一种修行。

谢谢大家！

知人善用

大家好：

今天给大家讲《知人善用》。

一个优秀的企业家，关键要抓好两件事，一个就是制定企业发展的战略规划，第二个就是要用好人才。首先要去发现人才，知道人才的长处，了解人才的特长，然后要用好人才，让人才的长处得到发挥。很多企业家经常讲七分人才十分待遇，这就是厚待，厚待才能够让人踏踏实实地发挥出最好的才能。

企业家要做到知人善任，吸引比自己更优秀的人一起来创业，这是企业不断壮大——从小型企业到中型企业，然后到大型企业的一个最重要的法宝。前几天，我跟一个朋友聊天，他说他的公司到现在为止还是二十个人，已经六年过去了，一直招不到人。现在企业前景很好，为什么招不到人，这是最困惑的事情。我说你有没有从自身的角度去思考问题，不要做武大郎。他说，自己也在思考，认识到一定要吸引比自己更优秀的人到企业来才能够不断壮大。

我们想一想，刘邦知人善任的一个最典型的例子就是重用韩信。我高考的时候，语文题中有一句话叫作“韩信点兵，多多益善”。韩信这个人带兵的本领原在刘邦之上，但是刘邦为什么能够重用他，让他来带兵？这就是刘邦用人的魄力，他敢于将比自己更优秀的人招来为己所用，最后终于完成了伟业。我们由此可以看出，刘邦是一个知人善任的好领导。大胆用人、知人善用是企业家非常重要的技能，是企业发展壮大、健康运行最重要的法宝。

胡雪岩之所以生意兴隆，就是因为他能够知人善用。但是我们现在许多企业家在对待人才的态度上，好多都是说一套做一套，都以为自己是最聪明的，以自己的主观意志来管理企业，最后企业就遭到惨败。这样的教训比比皆是。

关于胡雪岩用人，有一个著名的故事。他准备创办阜康钱庄，但他有更重要的事情要去做，有更长远的规划要去做，所以他必须要找到一个合适的人来经营。

有一天，他听朋友讲，大源钱庄的小伙计刘庆生很不错，然后他又向周边的人打听了一圈，所有的人都认为这是个人才，胡雪岩就动心了。但是他在聘用刘庆生之前，决定先找他好好聊一聊，了解了解他的人品德行，人才的德是第一位的。有一天，胡雪岩大半夜把刘庆生请到自己的家，然后跟他聊。一开始也没有直接进入聘任他做经理的正题，而是细问他家在哪儿。听说刘庆生是余姚人，胡雪岩就跟他先从余姚聊起，讲余姚的风土人情，然后又从余姚讲到宁波，又从宁波谈到绍兴，海阔天空。刘庆生不知道胡雪岩葫芦里卖的什么药，大半夜把自己找来侃大山到底为了什么。但是胡雪岩一直避而不谈正事，就这么瞎聊。虽然心里有点不舒服，觉得胡雪岩对自己不够尊重，大半夜没事干找他瞎聊，但是刘庆生毕竟情商很高，还是客客气气的，很有礼貌，装出很感兴趣的样子，听胡雪岩侃。

胡雪岩一看聊得差不多了，就开始跟刘庆生谈业务。他很谦虚地讲，我以前在钱庄里面也做过，不过离开这一行时间长了，不知道现在城里面同行有多少家。刘庆生作为一个专业人士，马上就脱口而出，一共三十三家，并把这三十三家讲得一清二楚。胡雪岩听了内心非常感慨，真是一个人才啊。

胡雪岩又开始跟刘庆生聊他的家庭情况，了解到刘庆生已经结婚了，有两个孩子。父母妻小都在老家，于是胡雪岩问他为什么不把他们接到身边来。刘庆生为难地讲，家人在家乡日子会比较好过一点，杭州消费比较高，吃饭住家，这几口人一个月至少也得要十两银子。胡雪岩一听他的家庭情况，薪水问题心里就有了谱，这时候，他就跟刘庆生交底了。他说，我打算开个钱庄，想请你过来做经理，年薪二百两银子，另外年底还有花红。说完，胡雪岩马上就拿出二百两银子交给刘庆生。刘庆生特别激动地说："胡先生像您这样子待人，说实话我听都没听说过，您尽管吩咐好了，怎么做都行。"胡雪岩就这样把这个钱庄的人才问题搞定了。

我们来看胡雪岩的智慧。在这场特殊的面试当中，他第一步先跟刘庆生聊一些不着边际的话题，是为了看刘庆生有没有耐心，这是在看他的人品，看他的服务态度。第二步，胡雪岩跟刘庆生交流一些业务问题，是为了看他对这个行业有多少了解，这是在考察他的专业能力。第三步，胡雪岩了解刘庆生的家庭背景后，给出的薪水就把他的后顾之忧解决了。这样刘庆生就不会为家里的事情分心，就会专心照顾钱庄的生意。给这么高的薪水，刘庆生不会不珍惜。

这就是胡雪岩的大智慧。他这种慷慨之举，绝对不是单单为了找一个得力的帮手，而是为自己找一个忠心耿耿做事的人才，我们找人才，首先得找一个德行可靠的人，所以知人善用要以德为先，首先去考察他的德，不能光在考察才智上面下功夫，只有德才兼备的人才才是企业家事业上真正的帮手。

企业要发展，企业家一定要学习胡雪岩的高薪招才、靠才生财的智慧。只有这样，企业才能够健康地发展，胡雪岩知人善用的大智慧，我们一定要好好体悟，很好地领会。

谢谢大家！

父母的智慧

大家早上好：

今天给大家讲《父母的智慧》。

父母是孩子的第一个老师，也是人生最重要的老师，父母有智慧，教育出来的孩子有出息；如果父母没有智慧，纵容和溺爱孩子，那么孩子长大以后就会越来越没出息，而且还有可能做出伤害别人、伤害社会的事情。所以父母一定要提升自己的智慧。

2019年，我见到一个二十多年没见面的企业家，让我非常吃惊的是他三个女儿的样子。大女儿三十多岁了，还没有结婚。三个女儿一个比一个胖，大女儿有二百多斤。我心里想这个企业家虽然事业很成功，但是他的家庭教育是失败的。想到二十多年以前，他的孩子五六岁的时候，一顿饭要吃五个包子，不让吃就在地上打滚，做父母的只是在旁边看着傻笑。这就是人生的因果，日积月累，随着时间的沉淀，一些结果就会慢慢显现。

十年以前，我的邻居中有一个男孩非常优秀，在一所著名的高中上高一。突然有一天，孩子母亲跟我讲，孩子得了抑郁症，每周都要看心理医生，非常痛苦。我看了看孩子原来的照片，那时候的他是非常阳光的，但现在人却像抽了鸦片似的萎靡不振。我考虑后，跟他的父母讲，孩子的性命都快要没了，上这样的重点中学还有意义吗？暂停文化课学习，休学一年到河南嵩山的武校去学习武术，可以增强体力、调节情绪。父母虽然很痛苦，但认为我的建议是对的。孩子临走以前，我把孩子单独叫出来私下问他："你过去这么优秀，怎么一年之间就变成这副样子啦？"他哭着跟我讲："叔叔，我妈把我管得太厉害了，我找了一个女朋友，但我妈不允许我谈恋爱。不让我谈恋爱我也能接受。可是她跑到我女朋友家里去羞辱她，最后对方把我给臭骂一通。我的自尊心受不了。"我一下子明白了，原来这孩子抑郁症的病因主要就在这里，所以父母一定要有智慧。

这孩子通过在武校一年的锻炼，又把原来的精气神找回来了，后来还考上了国内顶级的高校，毕业以后又进入一个著名的公司工作，到现在，他的父母每年都会来感谢我。他们说："没有你就没有我们孩子的今天，没有你也没有我们今天的幸福生活。"所以，做父母的一定要正确面对孩子的早恋以及各种各样的问题，要因势利导，而不是以自己主观的想法武断地阻止孩子，造成人生的灾难。

有个企业家朋友，事业非常成功，并且在社会和家庭各方面口碑都非常好。我注意到一个细节，每次快到傍晚的时候，他就会把工作有条不紊地处理好，然后推掉一切的饭局往家赶，跟家里人团聚，把时间花在教育孩子跟与孩子培养感情上。相比之下，我就更愿意跟这样的企业家做朋友。因为他人品好，对家庭有责任感，对孩子的培养非常尽心。反之我们看看另一些人，白天看着还不错，到了晚上就去花天酒地，这是非常悲哀的事情。

有一天晚上，我在准备第二天晨课的时候，看到一个资料，说是前两天有一个在海外骂祖国的人，现在找工作都很困难。我认为这种人有这种报应是必然的，因为一个连祖国都不爱的人，怎么可能在社会上立足？父母是孩子的第一责任人，从小要对孩子进行教育，培养孩子的正义感，培养孩子爱家庭，爱国家，孝顺父母。这是父母的责任。

一个教授朋友跟我讲，说看到一个五岁的孩子偷偷折他院子里的牡丹花，他就过去说，小朋友你要是喜欢这个花，就跟奶奶打个招呼。但孩子的母亲远远躲在那边，一点要干预的样子都没有。教授跟我讲，他看到这一幕感觉很痛心。这个孩子将来会怎么样？我听了以后很感慨，孩子小时候的教育非常重要，父母对此一定要高度重视。

我曾经听过一个古代的咬奶头的故事。有一个儿子快要上刑场被砍头的时候，跟执法官提出一个要求，要在旁边看着的母亲过来相见，执法官同意了。他母亲过来以后，儿子讲："妈妈，我能不能再最后吃一口你的奶？"他母亲想儿子快要死了，就答应了，最后儿子吃奶的时候拼命把他母亲的奶头咬了下来。这就是古代一个典型的因为父母不教育导致孩子上断头台的故事，令人深思。

我还看过一个故事，讲的是国外有个二十多岁的姑娘，体重五百多斤，痛苦万分。是什么原因造成她肥胖的呢？因为她小时候喜欢吃甜食，每当情绪不好的时候就更喜欢吃，十几年来养成的坏习惯使她越长越胖。体重从一百多斤到二百多斤、三百多斤、四百多斤一直到五百多斤，最后对生命都造成了威胁。这个事例告诉我们：父母对孩子的溺爱，最终会变成一种伤害。

我在想，什么样的父母称得上有智慧？自己事业有成只是一个方面，更重要的是对上孝顺父母，养老送终，对下要把孩子抚养成人，让孩子健康成长，教育他爱国家，为社会做奉献，让他事业有成，做一个优秀的人。只有这样做，父母的心才能安；否则孩子没有出息，甚至危害社会的话，做父母的一辈子都不会心安。因此，我们一定要提升自己做父母的智慧。

谢谢大家！

万事如意

大家好：

今天给大家讲《万事如意》。

人们祝愿的时候经常说“万事如意”，其实在人生道路上，万事如意是不可能的。但越是不可能有的东西，人们彼此祝福的时候越要说，当然这也反映了人们对人生的希望，对生活的追求，例如《红楼梦》第五十三回说到“万事如意”：“门下庄头乌进孝叩请爷奶奶万福金安，并公子小姐金安，新春大喜大福，荣贵平安，加官进禄，万事如意。”

其实人生不如意十之八九，南宋诗人方岳有首诗，其中有一句“不如意事常八九，可与语人无二三”，从中可以看出他对人生艰难的感悟，也体现了他面对烦恼无可奈何的叹息。人的一生会遇到数不清的不如意事。在工作方面、在学习方面、在婚姻方面、在家庭方面，这些事情都会给我们的人生带来许多的烦恼，带来很多痛苦，让我们备受折磨，让我们在红尘当中遇到一个个坎坷。

许多人去挣钱，却挣不到钱，甚至还可能破产；许多人求一个美满的婚姻，却得来破碎的婚姻；许多人想找一份好的工作，却在恶劣的工作环境中煎熬；许多人想求官，却苦求无门；许多人想考一个好大学，却屡次不能中榜。人生道路上哪有万事如意？人生不如意十之八九，只有深悟你才会豁然开朗。

杭州灵隐寺内堂前有一副对联："人生哪能多如意，万事只求半称心。"对联饱含了深刻的人生哲理，我们要悟透。这副对联告诉我们，为人处世一定要豁达、从容，要追求称心的生活方式。《论语》讲"过犹不及"，凡事适度，人生就会减少很多痛苦。如果事事都想去追求完美，那只能得到更多的痛苦、更多的烦恼。

万事如意不过是个愿望，心想事成不过是个理想。古人讲势不可使尽，福不可享尽，事不可做尽，话不可说尽。季羡林曾说，每个人都想争取一个完满的人生，然而自古及今，海内海外，一个百分之百完满的人生是没有的，不完满才是人生。我们悟透了这句话，就会减少很多烦恼，减少很多痛苦，就会让我们的人生充满快乐和幸福。

要想成为幸福的人，我们首先要吃得起苦。如果想万事如意，想有个好工作，想挣很多钱，想有个好位置，但是不去努力，不在道德方面提升，怎么可能得到呢？英国有一个教堂的碑文上说，我年少时意气风发，踌躇满志。当时曾梦想改变世界，但当我慢慢成长以后，阅历增多，我发现无力改变世界，后来我决定先改变我的国家，但是这个目标还是太大，我发现我的能力还是不够。当我到了中年以后，无奈之际，我就试图改变最亲密的家人，但还是不遂愿，他们一个个还是维持原样。当我老了以后终于感悟出一个道理，那就是我应该先改变自己，再用以身作则的方式去影响家人。如果我的家人能以我为榜样，也许下一步就能改善我的国家，那么将来或许会改造世界。所以要想让自己万事如意，第一个秘诀就是改变自己，让自己变成最美好的自己，这就是真理。有些人整天想着天上掉馅饼，想着去坑别人，这是走上了愚蠢的人生道路。

让自己有可能万事如意的秘诀，还有一个就是努力奋斗，自强自信。爱迪生讲，天才就是99%的汗水加1%的灵感。当你付出足够多的汗水和努力以后，你所能遇到的事物就会带来不一样的境界，所以我们一定要去付出，要去努力。比如说，小时候要努力读书，工作的时候要努力工作，经营一个企业就要努力把它经营好。努力多一点，不良的习惯少一点，这样人生才能够顺心如意。

要与人为善。卡耐基讲，专业知识对一个人成功的作用只占15%，一个人能否成功，主要取决于人际关系的好坏。我们要用智慧来搞好人际关系，有些人认为人际关系就是看你有没有用，并且万事都用金钱来衡量，都以我为主，这样的想法是愚蠢的，这样的人际关系是一次性的人际关系。有些人整天都把钱放在前面，对道德等都忽略不计，这是愚蠢的。

自悟者自明，不明者他度。人一定要找到精神导师，俗话说："师傅领进门，修行在个人。"生活当中，人生道路上，如果说一个人连一个老师都没有，一个贵人都没有，就会在原地打转，甚至会走许多弯路。所谓精神导师就是能够为你提供思想上的帮助，会让你事半功倍，关键时候能点拨你一下的高人，这种帮助比用金钱来帮助你更显得珍贵，更难得，有时候高人一句话往往使人茅塞顿开。

要想万事如意，还有一个更重要的法则，就是我们一定要有积极的心态。有人讲，一个经常微笑的人，他的运气就不会太差。良好的心态是我们走向人生成功的捷径，如果没有积极心态的伴随，你的人生道路会经常面临坎坷，面临痛苦，自艾自叹，情绪低落，最后运气越来越差，生活状态越来越差。我们一定要把积极心态作为自己的人生法宝，作为人生的基石。

谢谢大家！

积极心态

大家好：

今天讲《积极心态》。

金木水火土，春天养肝，夏天养心，秋天养肺，冬天养肾，全年把脾胃养好，所以夏天最重要的就是要养心，特别是保持积极心态。无论是王阳明还是大家熟悉的曾国藩，无论是我们许许多多的企业家还是其他有成就的人，在人生道路上不可能不遇到坎坷，但是为什么他们能够获得成功？一个重要的因素就是积极的心态。

拿破仑·希尔曾经说过，人的身上有一个看不见的法宝，这个法宝的一边装着四个字："积极心态"，它是获得财富、成功、幸福和健康的力量；而另一边也装着四个字，那就是"消极心态"，它会剥夺一切使自己的生活有意义的东西。正如我在前面说的：播下一种心态，收获一种思想；播下一种思想，收获一种行为；播下一种行为，收获一种习惯；播下一种习惯，收获一种性格；播下一种性格，收获一种命运。真正改变一个人命运的就是你的心态，所以我们必须要拥有积极心态。

以前看过稻盛和夫写的《活法》，他二十七岁白手起家，六十五岁出家，用七十五年的经历告诉大家什么是人生真正的活法。我读了他的书和关于他的各种各样的资料以后，感觉他就是在用积极的心态支撑自己，越过人生一道道坎坷，战胜一个个困难，度过一段段艰难岁月。据说他小时候看到的一本书里有一句话："在我们的心中有一块磁铁，它能够把周围的剑、手枪，或灾难、疾病和失业统统都吸引过来。"于是他开始认真地思考："在灾难来到的时候，越是去躲避，就越躲避不了。既然躲避不了，不如坦然去面对灾难，只要自己把心态摆正，身体就会正视所面临的灾难，那么一切事情都会向着相反的方向倾斜。"

稻盛和夫小时候在学校里成绩并不怎么样，后来他感悟到，自己脑子并不聪明，必须付出两倍于别人的努力，如果别人付出两分的努力，自己就要付出四分的努力。他用这样的积极心态来激励自己，把自己从一个普通人变成了一个卓越的人。他成功的秘密，就是用积极心态来激励自己。他经常和别人聊天，有一句经典的话就是："人生只有一次，不能一天天虚度，要竭尽全力去奋斗，去努力。”

稻盛和夫被称为“智慧经营大师”，受到很多企业家的喜欢和尊敬。他一生在事业上积极打拼，二十七岁创京瓷Kyocera，五十二岁又创立KDDI，两大事业皆以惊人的力道成长，这两家公司都在他的有生之年进入世界500强。但是六十五岁的时候，他忽然得了癌症。此时，他做了一个重大的决定——出家。每到一个关键点，他的智慧就会得到充分的体现。稻盛和夫带给我们很多的智慧，比如说要付出不亚于任何人的努力；要谦虚，不要骄傲；要每天反省；活着就要感恩；等等。

积善行，思利他，不要有感性的烦恼，这就是我读《活法》时感悟最深的几句话。国学大师季羡林讲，根据他的观察，稻盛和夫既是企业家又是哲学家，一个人一生两职是很难得的，但他做到了，这是季老先生对稻盛和夫的赞美。有个著名的企业家对稻盛和夫评价说，许多事我最近才搞明白，但是稻盛和夫多年以前就想明白了。《活法》这本书一直畅销，受到大家追捧，堪称经典。这本书其实不是“心灵鸡汤”，而是最深刻的人生智慧。我经常抽空就翻一翻，从《活法》中，我们看到了积极心态的神奇力量，看到了哲学思维的力量。

具有积极心态的人不会总盯着自己没有的，而会想自己拥有的。不断去努力，不断去奉献，不断去感恩别人，不断去善待别人，他每天都是微笑的，他会放下那些坏情绪，放下那些不良的念头。他的心里总是满满的正能量，总是想着奉献社会，不断去努力地工作，去愉悦地生活，去发现美的东西，这样他的人生每天都会像春天一般温暖。

我们必须保持积极心态，坦然面对生活中的坎坷，以及人生中的曲折和各种各样的灾难。既要塑造生活的美，更要塑造灵魂的美。心安茅屋稳，心定菜根香。只有这样才能遇见最好的自己，活出最美的岁月。

谢谢大家!

厚道待人

大家好：

今天讲《厚道待人》。

厚道是最高的精明，有些人爱要小聪明，其实是愚蠢的。捧出七分厚道待人，换来人心之温暖，可以修得一颗欢喜的心；留出三分精明处事，必测人心之真假，可修一颗平常心。大道至简，大巧若拙，大智若愚，所以做人还是厚道为上，所谓聪明反被聪明误，很多人都喜欢精明待人，其实这是最低下的一种人生之道。

在生活和工作当中，我们会碰到有的人性格宽厚，让人如沐春风；而有的人小肚鸡肠，斤斤计较，让人避之唯恐不及。古人讲，唯德厚者能受多福，无德而服者众，必自伤也。所以一个人只有厚道待人才能承载更多的福气。

玻璃大王曹德旺曾说，在他小的时候，他的父亲经常告诉他一个道理，那就是一定要厚道待人。凡事都说好话，多给别人鼓掌，多给别人信心。其实这就是在积德，做人能够积德才会有好的福气。所以曹德旺创业以后，处处都讲究往宽处行，对合作方从不刁难，给予对方合理的更多的利润，让别人都愿意跟他合作，对员工、对客户、对朋友都是宽以待人，他奉行吃亏是福，多多去帮助别人。

我曾听过一句话，很感动：能征服人心的永远不是小聪明，而是厚道。我们看到有些人为了占便宜，想尽各种办法去耍赖，去坑蒙拐骗，但是最后只获得了一点小钱小利。他们以为捞到了好处，但实际上已被身边的人远离排斥。所以一个爱占便宜的人，一个所谓做人精明的人，注定是走不远的。而厚道待人才是一个人品行端正的真正的体现，只知道占小便宜其实是很傻的。

关于欧阳修有一个故事。小时候他和一些朋友出去玩，看到大户人家正在炸鱼丸，大户家的主人用鄙夷的眼光看着这帮小伙伴说："你们都给我磕一个头，叫我一声爷爷，我就给你们一个鱼丸，多磕多给。"有的孩子经不住美食的诱惑，纷纷给这个主人磕头。到欧阳修的时候，他头也不回就走了。在一旁的一位先生看到了，就问欧阳修："你为什么不跟他们一样磕头，这样可以吃到鱼丸？"欧阳修说："我虽然嘴馋，但是我母亲常说，人家瞧不起你的眼光不重要，自己做出样子才是最重要的，我不能占别人的便宜给我母亲丢人。”

先生感觉到欧阳修是个可造之才，便资助欧阳修完成学业。欧阳修通过自己的努力有了济世文才，受到了世人敬仰。作家冯骥才讲：“有底线，起码在‘人’的层面上，获得了成功的自我与成功的人生。”所以我们不能没有原则，被一点蝇头小利冲昏头脑，被别人调戏，不能被小便宜所诱惑，我们要恪守原则，这是一种人生的智慧和人生的远见，我们社会上敬仰的是厚道，而不是所谓的精明和聪明。

厚道的人自带三分福气，生活当中无论是谁都愿意跟厚道的人打交道，都喜欢厚道的人，没有人会与刻薄之人成为知己。做人做事，无论是生活还是工作，我们都需要厚道，因为人生道路上只有厚道才是人生的基石，心存厚道才能够去伪存真，才能在大是大非面前表现出豁达，表现出真正的智慧，表现出至真至善之美，所以厚道是一个人真正的处世之道，是为人处世的基础和前提。

有人说过，“轻财足以聚人”“量宽足以得人”，说的就是厚道待人。曾国藩年轻时候轻狂刻薄，非常不受人待见，后来他感悟到，做人一定要厚道，于是严格要求自己，不但功成名就，还成为后人做人的典范。心存厚道，才能够心怀仁爱之心，与身边的人和睦相处，才能够知足常乐，才能够笑面人生，才能够以更自然的态度，面对人生道路上的任何坎坷。

厚道的人懂得感恩，知恩图报，他们从来不会去坑人，去害人，不会落井下石，更不会斤斤计较，也不会胡乱怀疑别人。只有这样的人才值得交往，只有这样的人才可以作为朋友，可敬可爱，所以厚道就是人品，就是德行。厚道的人，他不会欺骗，不会使坏，让人信赖。人生道路上，我们不但自己要做厚道的人，也要寻找厚道的人作为朋友。

厚道不是一种懦弱，而是一种非凡的人生智慧。在生活当中，在工作当中，厚道的人显得很傻，其实是真聪明，大智若愚，看似糊涂，其实最清醒，看似最没有前途，但其实往往前途无量，因为厚道的人最容易得到高人的指点，得到贵人的帮助。厚道的人奉行吃亏是福，但他们往往得到的更多。我们一定要领悟厚道待人的哲学道理，并且在生活和工作中厚道待人，将它作为人生的真谛来深深地思考。

什么叫厚道待人？第一就是要心存善念。英国哲学家罗素讲，善良是人性的光辉，是最让人感到温暖的行为，所以厚道的人一定拥有着纯洁美丽的心。当朋友陷入困境的时候，他们挺身而出；当别人遇到麻烦的时候，他们伸手相助；在灾难面前他们自强自信，并以一颗善心去帮助别人。第二就是做事严谨，小事成就大事，细节决定成败。一个做事严谨的人，通常也是一个靠谱的人，工作当中让人放心的人。第三是为人正直，正直就是公正刚直，不畏强势，敢作敢为，能够坚持正道，勇于承认错误。有些人以自我为中心，对自己有利的，就是真理；对自己没有利的，就拼命去回避，去怀疑，去伤别人，坑别人。厚道待人，一个很重要的指标就是正直。第四就是待人坦诚诚恳。古往今来无数的事实证明，坦诚待人利大于弊。

孔子说："君子坦荡荡，小人长戚戚。"为什么"小人长戚戚"？有些人经常去忽悠别人，经常以假的面貌去跟别人打交道，时间长了就没有人相信他。若一个人做人做事每天都在装，对人不坦诚，就会把简单的事情复杂化，让矛盾激化，把事情搞砸，心情当然也就不好了。所以无论是生活还是工作，厚道待人都是非常重要的，我们要以真诚、宽容的为人处世态度去走好自己的人生之道。

谢谢大家！

教子有方

大家好：

今天讲《教子有方》。

俗话说，养不教，父母过。养育孩子，其实“育”更加重要，更加不容易。许多做父母的在对子女的教育中，遇到许多烦恼，遇到许多困难，甚至有的父母每天被孩子的教育问题弄得心力交瘁。那么我们怎么样才能做到教子有方呢？

《三字经》讲“窦燕山，有义方，教五子，名俱扬”。窦燕山怎么也没想到自己因为养育儿女成了流芳千古的人物，被人们敬重和传颂。五个儿子在他的精心教育培养下都考中进士，成为了国家栋梁。我们读《三字经》，经常会想到这样一个教子有方的范例。

我们还读过孟母三迁的故事，孟子的母亲为了教育好孩子费尽了心血。不论古今中外，教子有方都是一个永恒的话题。上能够孝顺父母，为他们养老送终，下能够把孩子培养成人，为社会做贡献，这是许多人追求的梦想。为什么有些父母做得非常好，有始有终，而有些父母却培养出败家子，给家庭带来不幸呢？我们要好好琢磨。

前几年，我听过一个女企业家的故事。那个女企业家靠国家的改革开放掘了第一桶金。她大胆泼辣，敢闯敢干，积累了很多财富。但是因为她每天把全部身心投入到商场当中，没有照顾家庭，没有好好教育孩子，最后导致她的婚姻解体。而他的儿子沾上了吃喝嫖赌毒各种各样的坏毛病，最后她的企业也被活活拖垮了，孩子也毁掉了。这个女企业家非常懊悔，人也败了，家也没了，所以光有企业也是没有用的。

对孩子，我们要让他德智体全面发展。一是要告诉孩子怎么样去做人，要做个好人。司马光在他的家训当中说，积金遗于子孙，子孙未必能守；积书于子孙，子孙未必能读。不如积阴德于冥冥之中，以为子孙长久之计。古人在儿女教育当中有很高的见地，非常睿智。我们首先要培养孩子的德行，把孩子的人品塑造好。

父母是孩子的第一任老师，父母的一言一行会影响孩子的健康发展。古代有一个“曾子杀猪”的故事，曾子的妻子要去市场，小孩闹着非要跟着去。曾子的妻子说，等我回来杀猪烧肉给你吃，孩子就不去了。曾子等妻子从市场上回来以后，真的把猪杀了。他的妻子很不理解，说我就一句玩笑，你为什么真把猪给杀了呢？曾子讲，不能欺骗孩子，做父母的一定要说到做到。从这个故事，我们也得到很多哲学的启发。

第二就是要让孩子把书读好。知识改变命运，有没有知识，人生是不一样的。我们既要学做好人，又要读好书，这是人生最重要的法宝。如果不读书，人生很多机会就没有了，就不能去参与。现在许多好的公司，如果你没有好的学历，根本没机会加入。有些人说，我没有读什么书，也照样挣了很多钱，这只是偶然的运气。

明白为谁读书，好好读书，在应该读书的时候努力读书，做父母的一定要让孩子明白这个道理。在孩子应该读书的美好时光，让孩子好好读书，多用鼓励的教育方法，不要在冬天砍树。让孩子安心地读书，培养孩子读书的兴趣，只有这样，孩子才有美好的前程。

做好人读好书，还要有一个健康的身体，从小要保持健康，让孩子有一个健康意识，有一个健康的生活习惯，提升自身的免疫力。在此基础上，还要培养孩子的情商，告诉孩子，世界是复杂的，世界是变化的，世界不是你想象的那样。要培养孩子面对挫折，面对灾难，面对磨难，面对困难的心理承受能力。

教子有方，还表现在做父母的不能着急，不要去强迫孩子，要多奖赏孩子，跟孩子要平等相处。要多去郊外，要跟孩子交朋友，只有这样多方位地相处，孩子才能够从心底里爱读书，爱运动，去做一个好人。现在很多父母，都从自己的角度强迫孩子去学习，去要求孩子怎么样，自己明明在打麻将，却逼着孩子去读书，这些做法都是很愚蠢的。

古人讲，做人就是精三分傻三分留三分给子孙。意思就是做人不要过于精明，如果你自己特别精明，那么下一代有可能出现傻子呆子，这就是要积德。精三分，要精在自己的专业上，精在生活上，精在处理各种矛盾，与人为善上。傻三分，就是要不怕吃亏，要吃苦要有耐力。留三分给子孙，就是要培养孩子爱学习，爱钻研，培养孩子勤劳善良、吃苦耐劳、独立自主的品质。

曾国藩的教子六项堪称教子典范。一是勤，勤奋是一个孩子必备的素质。二是孝，这是做人的根本，一个不孝的人，不管在什么地方都会被人瞧不起。比如这几天有媒体报道，有一个孩子把她瘫痪的母亲活埋了，看到这样的新闻，我们心里都非常难受。三是简朴，培养孩子节俭的习惯，不要去奢侈浪费。四是仁义，做人一定要有一颗仁义之心。五是恒心，要持之以恒，坚持不懈，从一而终，做什么事情都是有头有尾。六是谦，谦虚是人生道路上的一个法宝，你再有才华，再有本事，如果不懂得谦虚，那么人生注定会遭遇很大的挫折。曾国藩的教子六项，值得大家参考。

大家对于教子有方方面面的体悟，也有很多好的经验，值得相互交流、共同提高，我这里只是抛砖引玉。

谢谢大家！

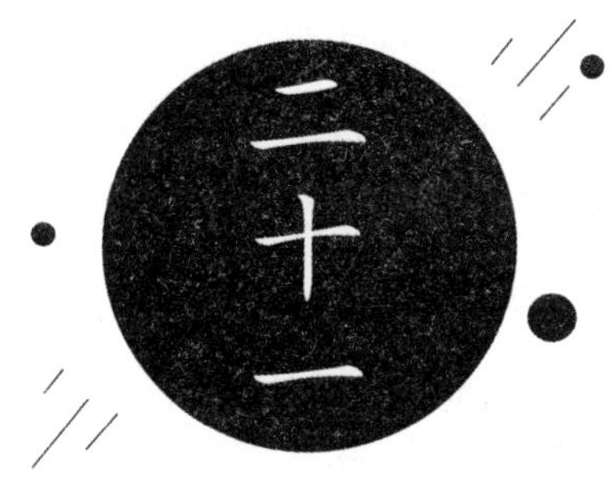

提升自己

大家好：

今天讲《提升自己》。

这几年，我与中国人民大学副校长刘元春教授一起带博士后，我经常跟学生讲，虽然你是个博士，但那博士的头衔，只是一个静态文凭而已，你一定要提升自己，要以优秀的人为榜样，每天不断去努力，做一个名副其实的博士后。学生出站以后，取得了一定的成绩，我们作为老师心里感到非常高兴。提升自己是人生道路上的一个法宝，人只有不断提升自己，才能够战胜人生道路上的一个个困难，让自己活得更好，做最好的自己。

有人跟我讲人生有时候很矛盾，有些人总感觉到人生苦短，应该及时行乐，今朝有酒今朝醉，人不风流枉少年。但是随着年龄的增长，随着阅历的增加，会发现如果不去提升自己，就会给人生带来更多的烦恼和痛苦，所以我们一定要做自己的主人。人生道路上靠什么？就靠每天去努力，每天去提升自己。有个企业家说："我过去有个秘书，他在当秘书的时候，我就跟他讲，要利用这个时光，好好去读研究生，当时他很纠结，后来努力去做了，现在跟我说收获非常大。"

提升自己比什么都重要，我们不要安于现状，知识和技能是学不完的，不管什么时候都要不断去学习，不断去丰富自己。健康也是一样，我们每天都要去提升自己的免疫力。要向比自己强的人学习，向品行好的人学习，向技能比你高的人学习，只有这样，你才能始终保持一颗进步的心，激励你不断去提升自己。我们要去发现优秀的人，而不是去妒忌，要向他们学习。

经常跟我的学生讲，到了工作岗位，要懂得先付出，先去学习，不断给自己创造成长机会。当你不断变得丰富的时候，不断变得强大的时候，一切都会来，不要先想着我该当个处长，应该给我一个什么职务。其实社会是公平的，你越是感觉到它对你不公平，就越说明你还有继续提升的空间。要学会发现自己的不足，用提升自己去弥补。没有一个人是完美的，每个人都有缺点，有缺点怎么办？只有通过提升自己去弥补，做最美好的自己，最优秀的自己。

古人讲修身齐家治国平天下。提升自己可以把自己修炼好，有能力，有德行，我们就可以更好地去工作，去生活。古人说，“祸福无门，唯人自召”，一个人的好与坏、得与失、福与祸，都跟我们的言行举止息息相关。我们为什么要提升自己？就是为了得到更多的福气，避免更多的灾祸。无论是古人的话，还是现在的智慧，都促使我们每天提升自己。

孔子讲“三十而立”。三十而立，就是要立下坚定不移的人生志向，立下做人做事的原则。最重要的一条就是要诚信，不要去忽悠，不要不讲诚信，这是最重要的。修心首先要修口，举止端正，言不妄发，这是做人的品行的根基。

提升自己不但要提升自己的语言能力，不要乱说话，还要提升自己的行动能力。青年需要积极创业，中年要稳重守业，每一个行动之前一定要三思而行，在灾难不断、风险不断的情况下，更应该谨慎行动，特别是企业家，每做一个投资，每进行一个产业行为，要多请教专家，多请教高人，不要随意施行。

提升自己还有一点，就是不要有非分之想，要做个本分的人，做个快乐的人，不要有太多贪婪的欲望。人之烦恼，人之不快乐都是因为种种贪念在作怪。我们经常讲你想得太多了，一个人想得太多就会烦恼，就会纠结，所以我们要提升自己，就要每天把自己的心灵清扫一遍，跟扫地一样，心灵要是不清扫，灰尘就会越积越多，因此我们要经常扫除贪念。

乐天知命是一种智慧，也是一种福气，我们要积极进取，还要认清自己的情况，要在合理合法的范围里去努力，不要投机取巧。安心立命的人，更有德行，也更有福气，所以人年轻的时候需要立身，需要树立自己的口碑，也就是不要乱说话，自己要默默地努力去工作，去行动。人到中年的时候，事业有成，家庭美满幸福，要珍惜眼前的人，要守住自己的好福气，稳步前进。所以我们要想提升自己，就要戒掉自己的贪嗔痴，真正提升自己的福气。曾国藩忠告，一个人事应该多做，话应该少说，做人要厚道，这样人生之路会越走越宽。这是非常智慧的忠告。

经常跟我的学生讲，不要去生气，不要去烦恼，不要去纠结，不要管别人喜不喜欢你，不要去看别人的脸色，你要做的就是每天去提升自己，修好你的外貌，修好你的口德，修好你的行为，修好你的心灵。你每天要做的就是这件事，时间一长，别人就会喜欢你。当你优秀的时候，别人就会把妒忌的眼光变成羡慕的眼光，人家就会尊敬你。几年以后，你会越来越优秀。现在就有学生跟我讲，老师，当年你对我们那么严格，我心里很不舒服，但是十年过去了，每当取得一个成绩，我就想起老师严厉的眼光。

默默努力，沉淀自己，提升自己，没有什么比经营好自己更快乐的事情。当我们面对各种各样的环境，无论是顺境还是逆境，无论是痛苦的环境还是欢乐的环境，都不要忘记提升自己。当别人闲聊的时候，你应该积极去运动；当别人打牌的时候、玩游戏的时候、玩手机的时候，你应该想着我今天还有哪些课程没有学习，还有哪些书没有读。时间一长，你就会非常优秀。

清醒自律，提升自己就是爱自己，就是让自己更优秀，我们所有提升自己的努力都是在让自己变得更优秀，让自己变得更强大。改变别人很困难，但是改变自己却比较容易，只要你每天坚持去做，不断学习。我们经常感觉到生活不如意，工作不如意，婚姻不如意，在自己的眼中一切都不如意，那是一种消极的心态；如果转换一下，用积极的心态去看问题，多从自己身上找原因，去改变自己，让自己变得更好，你就会发现这个世界非常美好。

控制自己的情绪，不贪不怨，路是自己的，与别人无关，去努力地工作，用心地生活，不断地提升自己，让自己变得更好。用自己的奉献，用自己的爱为社会服务，为别人带去温暖，你会发现你很快乐，所以我们每天都要提升自己。

谢谢大家！

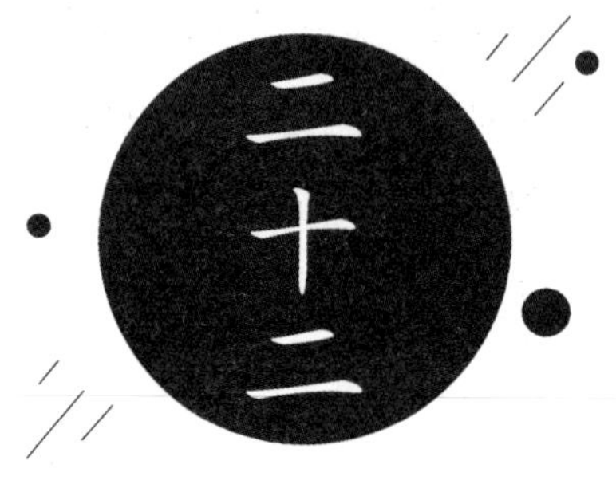

与人为善

大家早上好：

今天讲《与人为善》。

俗话说，与人为善，与己为善；与人留路，与己有退。也就是说，善待他人就是对自己为善，给别人留条路，也就是给自己留了退路。对别人要宽容，责怪别人时首先要问问自己的心。我们现在许多人说，有些人翻脸比翻书还快，很令人烦恼。

现代社会飞速发展，分工越来越细，合作共赢、共同发展是主旋律。一个人的能力有限，要想完成一项事业，我们必须要学会与人和平相处、和睦相处，所以善待他人是最大的智慧。与人为善，就是要善待他人，要多一点爱心，多一点理解，多一点宽容，多一点善良，多一点同情，让自己、让别人都保持在一种愉悦合作的健康的氛围当中。

有一个故事，春秋时候赵宣子有一天见到一个人躺在树下，因为饥饿站不起来了。赵宣子就给了他一些食物。那个人表示感谢，却不吃。赵宣子很奇怪，问他为什么不吃。他说，我要留给家中的老母亲吃，因为她也非常饥饿。赵宣子称赞他的孝心，又给了他很多食物和一些钱。几年以后，晋灵公派一批刺客追杀赵宣子，有一个刺客追上赵宣子以后，一照面惊呼一声："竟然是你!"原来这个刺客就是当年接受食物的那个人。那个刺客说："恩公，让我代你死吧!"然后转身就与其他刺客搏斗起来，最后战死，而赵宣子利用他们搏斗的机会逃脱了。从这个故事可以看出，与人为善，实际上就是与己为善，救别人也是救自己，与人留路也是为己留路，与人方便也是与己方便。

许多人总是用自身的眼光去打量别人，对自己比较宽容，但是对别人就要求比较严格，这容易让人生道路越走越窄。如果我们换种方式，眼睛不是总盯着别人的是非，而是对自己严格要求，对别人宽容，用宽大的心去度人，就会发现别人并不都是缺点，也有很多长处，有很多优点。所以我们量人要先量自己，称别人先要称自己。挑人过错也要想想自己也有不完美的地方，只有这样，你的人生才会明亮。

遵循与人为善的原则，人不可霸道，因为霸道会没有朋友。心不能自私，因为自私容易把自己困死。静坐常思己过，闲谈莫论人非。做人做事什么时候都要留有余地，说话要留口德，做事要考虑分寸，所以知人不必言尽，责人不必苛尽，得理不必争尽，凡事不必做尽。我们要多一些扪心自问，少一些争执指责；多一些观心自省，少一些挑剔苛责，这就是人生的觉悟。

遵循与人为善的原则，我们要有容人之雅量。在工作和生活中，不能因为一点小事就与人一争高下，把过去的友谊和情义都争没了。看事情、看人不要武断，一武断，烦恼就有了。古人讲，慈悲没有敌人，要多原谅，原谅就是宽容，有时候退一步并不代表懦弱，而是说明有一定的雅量。不争并不是你不想去争，而是一种智慧，所以进退有余就是人生大智慧。

与人为善就是以感恩的心去待人，看人长处人人都是我师。以喜欢的心去看事情，那么每一件事都是为我而生。与人为善，让我们知道感恩，让我们知道包容，让我们更能看清世界。与人为善，让我们提升自己的素养，改善我们的心态。眼宽能够用人，眼宽能够跳出烦恼的环境，所以我们做人一定要做到豁然开朗，做到豁达，用智慧来指导人生。

古人讲，人为善，福虽未至，祸已远离；人为恶，祸虽未至，福已远离。所以与人为善，还是躲避灾难祸患的一个法宝。一个人如果经常去作恶，那么灾祸就会伴随他，这个人就永无宁日，经常会有烦恼，会被各种各样的事物所骚扰，他的心就永远安静不下来。所以我们为人处事，在生活当中，在工作当中一定要与人为善。

与人为善到处受欢迎，为人作恶处处都遭唾弃。谈到与人为善，就想到了《流浪地球》这部电影，吴京借《流浪地球》又回到了公众视野。看了背后的故事，我们还真要感谢吴京，《流浪地球》这部电影的拍摄过程是比较坎坷的。导演郭帆最初想找一个大牌明星出演，但几经周折却没有一个人愿意来承担这个角色。后来郭帆找到吴京说，你能不能来出演？吴京说，好啊。拍着拍着，剧组却没有资金了，郭帆又去找投资方请求增加投资，但是他们都不看好，认为这部电影不行，不但不增加投资，反而要撤资。在这种情况下，郭帆焦头烂额，无可奈何又去找吴京，说我们没钱啦。吴京说那我这个片酬不要啦，并且又拿出六千万元的支票继续支持剧组拍摄，郭帆非常感动。

从这个小例子我们可以看出，因为有了吴京的与人为善，不计得失，才有了后面火爆的《流浪地球》。所以说，君子一定要以善意的态度去对待别人，为别人着想，乐于助人。其实，帮助别人也等于帮助自己，给别人一条灿烂的路，实际上最后也可能是给自己一条灿烂的路。我们经常要换位思考，真善美是人生的基石，如果没有这个基石，人生路将充满泥泞坎坷，所以我们一定要与人为善。

谢谢大家！

向死而生

大家早上好：

今天讲《向死而生》。

诺贝尔曾经说过，世界上每一天都有新的生命降临，也会有衰老的生命离开。虽然人类是这个世界的主持者和管理者，但最不可控的就是人的生命，没有人能知道自己什么时候会死。生老病死是自然规律，通过灾难，我们更加意识到人的脆弱，我们会重新考量财富权势地位和美貌，最终会认识到，健康是最重要的，生命是排在第一位的。

通过对向死而生这个哲学概念进行思考，我们就会明白生与死的关系，就会更加勇敢地面对死亡，更加积极地去生活，这就是我们要思考的重大意义。我大学刚毕业的时候，第一次面临了生与死的人生思考。那一年，我大学的系主任到北京出差，前天晚上还是好好的，但是第二天早上就有人通知我们赶紧到交通部招待所去帮忙。去干什么呢？原来，我们的系主任早上心梗发作，倒在了洗手间里面。等到七点多有人叫他吃饭的时候，才发现他已经走了。我们五个学生，把他从房间里面扛到停车场。这时候，我真正感觉到原来死亡是这么的近。死亡是人生的导师，只有明白了死亡，我们才能够获得内心真正的自由，学会不惊慌、不恐惧、不纠结，在短暂的人生旅途中安然而来，坦然而去，好好活，好好爱，好好生活，好好工作。

我们很多人都非常忌讳死亡这个话题，因而在人生道路上从来没有好好思考过死亡的问题。但是生有时，死有时，生死都是相依相随的，死亡带来未知的恐惧，但也为生命带来了更多的深厚的底色，也更具有人生的教育意义。《最好的告别》中说，死亡不是生命的终点与结果，而是生命的延续与传承。能坦然地生，也要从容地接受死，既然死亡是不可避免的，那么我们不如坦然去面对，认真去思考。

有个企业家朋友过去就是一个工作狂，在晚上十二点以前从不睡觉，经常熬夜，对人也比较苛刻，爱斤斤计较，不宽容，不宽厚。他认为人生是无限的，所以应尽情去娱乐，去忘我地工作，但时间不长，他就得了癌症，住进了医院，幸亏是早期，还有救。去探望的时候他跟我讲："从来没想到死亡离我这么近，生命是这么脆弱，人生是这么无常，我们一定要珍惜生命。对生命，要有敬畏之心，可不能够乱糟蹋自己的身体。"这就是他对人生最好的感悟。只有死亡教育，向死而生，才能够让他猛醒。所以我们一定要从灾难当中学会珍惜生命。

向死而生就是一种积极的心态，就是让我们明白生命的意义，让我们去珍惜生命，珍惜人生，去积极地奉献社会。向死而生时时提醒我们，时间是有限的，人生只有一次，不应该碌碌无为，要去做有意义、有价值的事情，活出每一天的新鲜，为社会多做贡献。

向死而生让我们真正懂得珍惜，更珍惜生命当中所有的相遇。对我们遇到的每一个人，每一件事，每一句问候，每一个清晨和每一个黄昏，都心平气和地好好地去对待。世界上的事，除了死亡，都是小事。人生中比死亡更可怕的就是从来没有好好地活过，所以我们不要稀里糊涂地活。臧克家在《有的人》中说："有的人活着，他已经死了；有的人死了，他还活着。"何谓生死？最关键的就是你对社会的奉献。

有一个著名的节目主持人在三十多岁的时候被查出了癌症，当时他的内心完全崩溃了。但是他通过痛苦的思考，冷静地告诉自己，一定要坚强，一定要挺过去。他不但配合医生的治疗，而且用自己强大的内心去与病魔战斗。出院以后，他更懂得了生命的珍贵，更明白人生的真正意义，活出了灿烂的自己，受到了众人的称赞。

向死而生的哲学理念告诉我们，要树立正确的死亡观。我们不能像一个经济动物，让金钱成为衡量人性的一切标准。死亡就是给人们竖立的一面镜子，我们要正确面对死亡，正确面对这个人生最好的导师。我们一定要客观地辩证地思考生与死，其实死亡每天都伴着我们，每天能够健康地活着就是最大的福气。我们不要去恐惧死亡，更不能避而不谈，因为这是人生最重要的课题。

李开复和癌症抗争以后，感慨地讲，这场大病把我推到生命的前面一次次地质问：褪去这些虚名与成就，你的人生还剩下什么？所以我们只要足够地坚强，足够地乐观，死亡也是可以坦然面对的，人只有体验过死才能更好地活，死亡这个导师能够淘洗出人生繁华之后所留下来的生命当中最值得珍惜的东西。我们要心怀感恩去面对每一天，去感恩那些帮助过你、教导过你的人，去感恩祖国，去感恩社会，其实这就是对死亡最好的态度。

海德格尔讲，向死而生的意义就是，当你无限接近死亡才能深切体会生的意义，在死亡面前，所有的名利、所有的一切都成了虚无缥缈的存在。唯有健康，唯有亲情，唯有爱才是生命永恒的主题，生亦死死亦生，死不过是人生中平凡的存在。所以我们一定要珍惜生命，珍惜健康，我们要精彩地活着才不枉此生。

谢谢大家！

持之以恒

大家早上好：

今天讲《持之以恒》。

曾国藩曾在家训中谈到“持之以恒”：“尔之短处，在言语欠钝讷，举止欠端重，看书能深入而作文不能峥嵘。若能从此三事上下一番苦功，进之以猛，持之以恒，不过一二年，自尔精进而不觉。”

二十多年以前，我在一所大学当副校长，曾经蹲点一个班级。这个班的一个班干部非常聪明，但是时间处长了，我就发现他做事更多是凭着小聪明却缺乏热情热度。毕业的时候我劝他，你做事一定要持之以恒，要长久地努力去把一件事做好。二十二年过去了，前几天我问他们班里另外一个同学，这个人现在怎么样？因为我一直没见过他。那个同学跟我讲，混得不怎么样。

我们学习要锲而不舍，做事态度一定要端正，持之以恒才能够取得好的成绩，取得好的人生成果。如果只凭着自己的小聪明，到了关键时候临时抱佛脚，就很难取得好的结果。有个哲人讲，我观察沙漠，很难看到一匹骏马能够安全地跑出来，但是却看到一头骆驼慢悠悠地安然走过那片飞沙走石的沙漠。为什么？这里面有人生的哲学道理。

我们心中有梦想就要去行动，遇到困难不能放弃，持之以恒千锤百炼才能炼出好钢，饱经风霜才能使自己更强。人生的目标，只要认准了，不光要投入自己的兴趣和热情，更重要的是坚持去做，不能只有三天热度，到了第四天就放下了。其实人生就是一场漫长的马拉松赛跑，而不是百米冲刺。如果不能做到持之以恒，即使百米冲刺你很优秀，但是在漫长的马拉松赛跑中可能就会落后，甚至中途放弃。

为什么许多在学校里面优秀的人到了社会上却一个个落在了后面，反倒在学校里面居于中游的那些同学却能争到上游？我观察下来，发现那些从中游争到上游的同学有一个最大的优点，就是持之以恒。面对别人的怀疑甚至是鄙夷，他们能够坚持学习，努力工作，执着地做一件事情。几年或者是几十年下来，这些人就成功了，别人也转变了看法。

小时候，读过铁杵成针的故事。李白是唐朝著名的大诗人，才华横溢。他小时候虽然很聪明，却很贪玩，学完功课，扔下书本就去玩了。有一天没有去上学，跑到城外去玩，在一个小溪旁，看到一个白发苍苍的老婆婆，正拿着一根铁棒在石头上拼命地磨。李白很奇怪，问老婆婆，你在磨什么？老婆婆说我要把它磨成一根绣花针，说完她就不理李白，自己继续磨。李白说，这怎么可能呢？老婆婆说，滴水可以穿石，愚公可以移山，铁棒为什么磨不成绣花针呢？只要我天天磨月月磨，铁棒就会越磨越细，时间长了还不成针吗？李白听了老婆婆的话深受启发，从此发奋读书，刻苦钻研，最后成了流传千古的大诗人。我们从这个故事中得到一个启示：只要有恒心，有毅力，肯去下苦功夫，就一定能够获得成功。世上多的是耍小聪明的“聪明人”，多的是玩心机的“精明人”，缺少的就是下笨功夫的厚道人。

我们都看过《哈利·波特》，知道英国女作家J.K.罗琳，她原来是一个天真浪漫、充满幻想的英语教师。但是没有想到，幸福的家庭、美满的婚姻和理想的工作在瞬间都变成了昨日云烟。丈夫离她而去，工作没了，居无定所且身无分文，再加上要独自抚养年幼的女儿，罗琳走投无路，穷困潦倒。这个人生的打击让她痛不欲生，但是家庭和事业的失败并没有击垮罗琳写作的雄心，用她自己的话说，或许是为了完成多年的夙愿，她把每天晚上给女儿讲的故事编辑起来，交给出版社。虽然一开始出版很艰难，但是出版以后，这本写给孩子的小说引起了全世界的兴趣，引起了大家的强烈反响。

《哈利·波特》创造了出版史上的奇迹，被翻译成几十种语言，在一百多个国家和地区出版发行。我们往往只看到了她表面的光彩，却没有看到她背后持之以恒的辛苦、汗水和艰难。

华罗庚曾经说过，做学问、做研究工作必须持之以恒。法国伟大的启蒙思想家布封也说过，天才就是长期的坚持不懈。要取得成功，坚持不懈的努力和持之以恒的精神都是不可缺少的。我们要把要小聪明和投机取巧的那种念头或者行为统统抛弃，把持之以恒的精神牢牢地放在心中，去指导我们的学习，去指导我们的工作，做一个笨人，做一个老实人，做一个踏踏实实的人。

我曾经有一个邻居，她的小女儿活泼可爱，但是这个邻居培养孩子的兴趣是三天打鱼两天晒网。先学习钢琴，半年以后孩子不愿意学，又让孩子去学长笛；半年以后发现孩子不行，又让孩子去学古琴；半年以后又发现孩子不行，然后又让孩子去学习吉他。几年折腾下来，孩子还是一事无成。从这个例子可以看出，家长的心是浮躁的，为了赶潮流赶时髦，逼着孩子学这个学那个。其实样样不精不如一招鲜，让孩子学好一样就够了，持之以恒也贵在专注与执着。

有一本哲学著作曾说，内心不乱为定，杂念不生为静。所以在现代社会生存，不能寄希望于小聪明，一定要用智慧用持之以恒的毅力去做好事情，只有这样才能改变自己的命运；一定要用持之以恒的精神来读书来工作，只有这样，你的人生道路才会越走越宽。

谢谢大家！

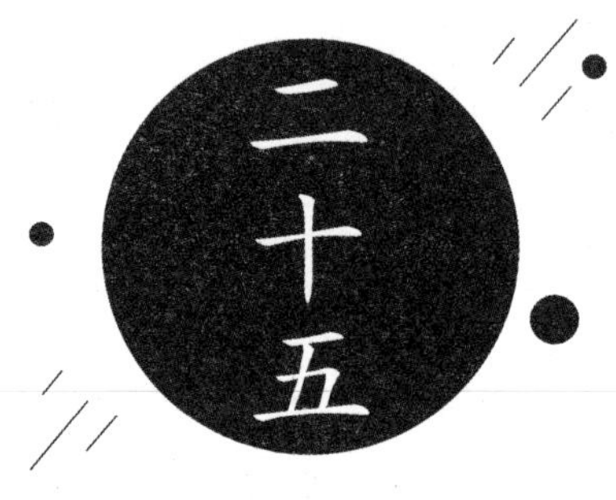

祸福相依

大家早上好：

今天讲《祸福相依》。

《老子》说："祸兮福之所倚，福兮祸之所伏。"一个智慧的人，会知道任何一件事都不是绝对的，既有好的也有坏的一面，并且它们是可以相互转化的。我们一定要辩证地、客观地来看问题，不要乐极生悲，只有这样才能够躲避人生道路上的灾祸。

明白祸福相依的哲学道理，我们就能够对人生道路上的一些事物坦然处之，遇到那些意料之外的坏事情不会悲观消沉，遇到那些好事情也不会得意忘形。这样我们的心态就会变得平和，得到了不会兴高采烈，失去了也不会非常纠结，所以让人生更加智慧、更加幸福的秘密就是要明白祸福相依的哲学道理。

塞翁失马，焉知非福。顺境中的幸福要好好珍惜，因为是福是祸很难预测；不幸之中要相信否极泰来，柳暗花明。比如柳传志十八岁那年，成为全校唯一一个空军飞行员候选人，却因为审查不合格而惨遭淘汰。他有一种从云端跌到谷底的挫败感，但就因为这一个低谷，后来他创办了联想，走向了人生的高峰。

失之东隅，收之桑榆，人生的每一次不幸都是黎明前的黑暗，希望之光总会驱散阴霾，迎来朝阳。我们在人生低谷当中千万不要灰心丧气，要充满激情。在低谷的时候我们应该干什么？我们应该不断地学习，努力工作，不要去自怨自艾，浪费时光，消极心态只会让你在困难的境地陷得更深，在泥泞的道路上更加痛不欲生。我们要换一个活法，用积极心态去对冲苦难的时光。

祸福相依，能否驾驭命运取决于自己的心态。一个人福气来的时候，就不要兴高采烈、得意忘形；灾祸来的时候也不要气馁，这是我们应该有的一种人生状态。人生的许多东西都是相互转化的，对于人生的好福气，我们要懂得感恩，懂得珍惜，不要去糟蹋它；如果你以糟蹋的心态去处理，福气马上就没了，马上就会转换为祸。

“塞翁失马”这个典故大家都知道，这是一个非常经典的祸福相依的故事。马丢失以后别人来安慰他，但主人讲，这可能不是祸事，也许是个福气。后来丢失的马带回来一匹好马，别人恭喜他的时候，他又说可能会惹出什么麻烦，他的孩子喜欢骑马，骑这匹野马的时候摔伤了。这时他又说，这也许就是个福气，邻居感觉到这个主人怎么经常胡说八道呢？后来征兵的时候，他的孩子摔断了腿不能当兵而保全了性命，这就是祸福相依。

这个故事告诉我们一个哲学道理，就是面对灾祸的时候，不能深陷痛苦之中，也不要去感叹命运的不公。我们要把灾祸变成人生当中的一个个考验、一块块试金石。哪一个企业家没有犯过错？哪一个不是经历了各种各样的泥潭？最后他们靠自己的智慧，靠别人的帮助走了过来。

人的一生如果仔细分析，其实就是一个祸福相依的过程。哪一个人不是几起几落？生活当中遇到顺境的时候，我们就要格外小心，防止祸端的出现；在挫折不断的时候，我们一定要充满勇气，拥有足够的斗志、足够的勇气去战胜所谓的不顺。福气来了千万不要乐极生悲；灾祸来了，我们要有能力去面对。这就是我们人生的定力和人生的格局。

几个月前，大家在议论一个上海滩大亨财富归零的事情，这其实就是祸福相依的哲学在生活中的体现。有一个著名的企业家曾经跟我讲，财富摆到你面前的时候，如果你能够驾驭，它就是你的财富；如果你驾驭不了，这就是灾祸。我认为他真正读懂了祸福相依，真正体悟了人生哲学的真谛。

为什么说红颜薄命？为什么说高处不胜寒？为什么财富多了是

灾祸？其实这些都体现了祸福相依的哲学道理。那么怎么样才能够避免灾祸？避免灾祸最好的方法就是增长自己的心灵财富。自己的物质财富增长了，不要忘了让脚步慢下来，让自己的灵魂跟上财富的增长，修身养性，提高自己的道德修养，只有这样才能够确保安全。

人生的真正福祉是高贵的品格、智慧的头脑、乐观的心态、爽朗的精神和健康的身体，这些才能够确保我们战胜人生道路上的一个个挫折，渡过人生道路上的一道道难关。

谢谢大家！

二十六

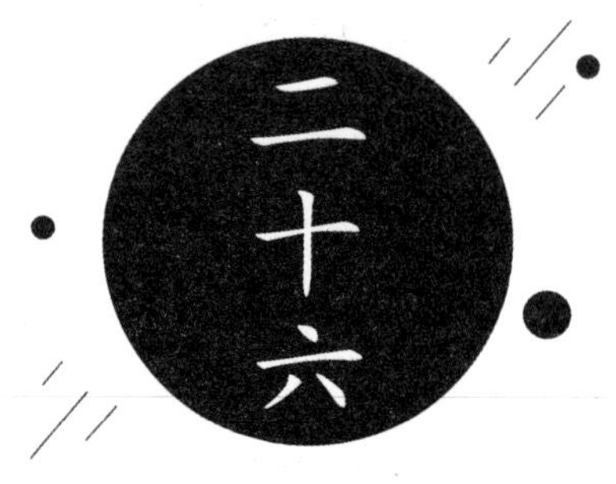

自强不息

大家早上好：

今天讲《自强不息》。

“自强不息”的出处是《易经·乾》：“天行健，君子以自强不息。”我国许多大学的校训中都有“自强不息”，比如清华大学的校训是“自强不息，厚德载物”；兰州大学的校训是“自强不息，独树一帜”；厦门大学的校训是“自强不息，止于至善”；东北大学的校训是“自强不息，知行合一”；上海交通大学倡导的是“竢实扬华，自强不息”。著名学者张岱年先生，则把中华民族的精神概括为“自强不息，厚德载物”。

爱默生讲，强者容易坚强，正如弱者容易软弱。要知道，能够在困境当中保持自强是非常令人尊敬的。只有自强的人才能够战胜一切困难、一切厄运。世界上靠什么都靠不住，只能靠自己的自信自强。一个人如果有聪明的脑袋再加上坚强的决心，那么就会创造出许多奇迹来。滴水穿石不是因其力量，而是因其坚韧不拔、锲而不舍的自强精神。

成功的企业家，不是因为在顺境中掘得了一桶金，而是因为在逆境当中自信自强，克服了各种各样的困难，战胜了各种各样的妖魔鬼怪，才最终到达胜利的顶峰的。自强的人，只有在危难来临的时候才会显示出全部智慧的光芒。在顺境中干得好的人，不见得在逆境中能够干好，能够生存下去。自强不息是幸运之母。人一定要用自强不息的精神来护佑自己。

人生道路上不可能都是风平浪静的，也会遇上暴风骤雨。一个人是成功还是失败，最关键的就在于他面对暴风雨时是去抗争去拼搏，还是逃跑。我们遇到危难的时候，遇到困难挫折的时候，应当信心百倍，用我们的智慧，用我们的斗志去努力抗争，只有这样，我们才能走向灿烂的成功顶峰。

我们的身边从来不缺自强不息的人，我最佩服的一个人是张海迪。她1955年出生于济南，小时候因患脊髓血管瘤导致高位截瘫。从那个时候起，她开始了独特的艰难的与命运抗争的自强不息的人生。她自学针灸无偿为乡亲们治疗，还从事过无线电修理工作。她从没走进过校园，但是通过自修，不但学完了中小学的全部课程，还自学了大学英语、日语、德语，甚至攻读了硕士研究生的课程。她于1983年进入文学创作领域，创作和翻译的作品超过了一百万字。2002年，长篇小说《绝顶》出版，被中宣部和国家新闻出版总署列为向十六大献礼重点图书，后又多次获奖。1983年，《中国青年报》发表《是颗流星，就要把光留给人间》，张海迪全国闻名，并获得两个美誉：一个是“80年代新雷锋”，另一个就是“当代的保尔”。

我们身边的企业家，哪一个不是自强不息的榜样？凡自强者，他们闪光的背后都付出了许多的艰辛，他们在人生的至暗时刻，都默默地扛起那些苦难，努力奋斗，拼搏，流着汗水，流着心里的血，度过煎熬的岁月。比如说，罗永浩在创业的六年当中，头发掉了一半，胆结石大了一倍，但是这些都无法浇灭他努力创业的激情和热情。

有人说美团创始人王兴是九死一生从死人堆里爬出来的。在大多数人眼里，王兴是一个成功的创业者，但其实他也是世界上最倒霉的创业者。表面的成功，背后是屡战屡败，屡败屡战。一次次失败和痛苦的打击，让他早已习惯了，自强不息的精神激励着他玩命地去坚持，一步步艰难地向前，最终走向成功。

有哲人评价王兴，你得有足够大的福报，才会在壮年生一场重病，遭遇一场平时没有的大难；你得有足够大的福报，才会受到命运的眷顾，大多数人弱不禁风，只会对顺境笑脸相迎。王兴的成功就是自强不息的精神的体现。我们要向那些自强不息的人学习。当自己遭遇坎坷，遭遇各种各样打击的时候，要把消极心态去掉，用积极心态去呵护自己，激励自己，我身边的很多成功人士都是从人生最艰难的时刻熬过来的，没有一个人例外。

俞敏洪讲，那些让你过不去的东西，最终都是为你的生命服务的。他创业的时候遇到了很多挫折，甚至有很多死亡的威胁，但是他回想他的创业历程时，觉得正是生活当中的一些痛苦，最后却把他反弹起来，使他又够着了一个新的目标。就是因为他有这种自强不息的精神，所以他走向了人生的辉煌。很多胆小鬼，很多心态消极的人，遇到一点困难，遇到一点挫折，就逃之夭夭，所以这些成功的桂冠都与他们无缘。他们只能叹息，去羡慕别人的成功，但是他们从来不去努力。

有人讲，人在低谷的时候，第一，要用感恩的心，感谢带你进入逆境的众生。用感恩的心去看给你打击的事情，就会豁然开朗。以感恩的心去回报那些瞧不起你的人，你就会心平气和。第二，每一种创伤都是一种成熟，我们要学会从磨难当中吸取营养，去提升自己，让自己更加智慧。第三，不受磨难不成佛。苦难是好事，凡是成大业立大功的人，都是从艰难困苦当中站起来的，我们经常读“天将降大任于斯人也，必先苦其心志，劳其筋骨，饿其体肤，空乏其身，行拂乱其所为，所以动心忍性，增益其所不能”这样的句子，孟子告诉我们，只有用坚强的意志和坚决的行动，才能克服困难，在苦难当中真正地成长起来。人才是在磨难中炼成的，成功也是在磨难中炼成的。要想成功，一定得有自强不息的精神。

谢谢大家！

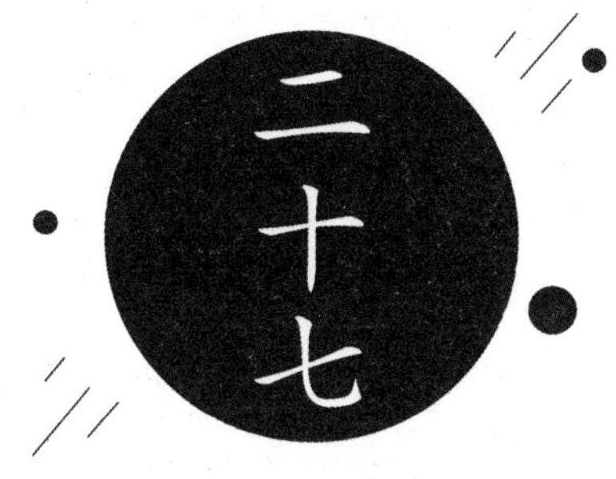

高人指点

大家早上好：

今天讲《高人指点》。

人生道路上需要高人指点，贵人相助，小人监督，自己努力，亲友鼓励。俗话说："听君一席话，胜读十年书。"有一个著名的企业家总结他三十年的创业经验，认为他的成功离不开高人指导。当时他大学刚毕业不到两年，在一个单位里工作，感到非常迷惘。有一天，他在马路上看到一辆车因为故障抛锚，就过去帮忙，一来二去，与车的主人也就是这个高人认识了。

交往半年以后，那个高人说："小伙子，你人品不错，我给你指个道，有一个企业需要承包，你思考三天要不要去走这条道。"

经过三天痛苦的思考，他想通了，然后告诉高人，他把铁饭碗砸了，要去承包这个企业。然后高人说，现在喝酒的人多，肝都不好，你就按照这个护肝方去做。不到几年，他就收获了人生的第一桶金。正当他得意扬扬，有些飘的时候，又一个高人出现了。那个高人跟他讲，小伙子，做事也不能这么做，你一定要以敬畏之心踏踏实实去做，特别是做药这一行，一定要有敬畏之心，做良心药，做放心药，只有这样，你的人生路才能长久。

他说："从那以后，不管遇到什么事，不管遇到什么诱惑，我首先都要去拜访高人。因为我自己的认知有限，自己的思想、认识问题的能力都有一定的局限性。我每天都在思考，如何面对各种各样的诱惑，比如说投资，各地给了我很多土地，一开始我也想成立房地产公司，想去做这方面的投资，但是每一次房地产投资我都失败了。后来有一个高人又跟我讲，他说你就把主业做好，不要去做那些乱七八糟的多元化投资，否则你容易遭遇惨败。

"在我三十年的企业创业史中，第一个高人告诉我应该去走哪条路。第二个高人告诉我，要以敬畏之心去做企业。第三个高人告诉我做大不如做强，不要去搞多元化。第四个高人告诉我不要过度举债。第五个高人告诉我一定要去创新。我一路走下来，得到了各种各样的高人指点，人生道路上，我也经常跟我的年轻员工讲，一定要去寻找贵人，寻找高人，寻找你生命当中真正的高人。只有这样，我们的人生之路才会越走越好。"

企业家在走向成功的道路上离不开高人指点，只有经过高人指点以后，我们才能开悟，我们自己的努力，才会得到预想的结果。在人生的道路上，总会遇到迷茫的时候，有时候完全靠自己去摸索去探索，很难走出泥潭，这个时候若有高人指点迷津，就会降低人生路上的风险，以最小的时间成本迈出人生关键的一步，所以我们一定要去寻找高人，并且要谦虚地向高人问道，得到他们思想上的帮助。

俗话说，千里马常有，而伯乐不常有。个人的努力固然很重要，但是如果有幸得到高人的指导，可以事半功倍。什么样的人才能够经常遇到高人呢？第一，有感恩之心的人。牢骚满腹、经常抱怨的，思想负面的，没有感恩之心的人，任何高人都会离他而去，还没有走近，高人对这样心态消极的人就会躲得远远的。第二，有事业心的人，上进的人。高人见了这样具有积极心态的人，就会乐于指点和帮助。第三，大气的人。他们豁达大度，胸怀宽阔，有空杯心态，听得进高人的劝，能够认识到自己与高人的差距，不会刚愎自用，在各种认知上能够去找差距。这样的人也非常容易遇到高人。第四，自己努力的人。只有创造力很强的人，经高人指点，才会精进。如果说自己不去动手，不去坚决行动，即使有高人指点也是徒劳。第五，乐于奉献的人。他们把企业做好是为了服务社会，服务人民，得到高人的指点是他们的福报，而他们也会把这个福报回馈给社会。第六，非常乐观的人。他们是充满正能量的，能够把自己的微笑带给别人的人。他们既能够从高人那里得到正能量，也能够把他的正能量回馈给员工。这样的话，大家相互传递正能量，就可以把企业做得越来越好。

有些人心存贪念，过河拆桥。他们听了高人的话，便以为事情原来这么简单，也不过如此，就把高人远远地甩了，没有感恩之心。这样的人总认为自己是最聪明的，其实他们根本走不远，慢慢地人品也坏了，口碑也坏了。这样的人，别人帮你是情分，不帮是本分。世界上没有哪个高人，愿意去帮助、指点这样的人，所以这些人经常听不到智慧的话。因而即使在企业的关键时刻也没有人指点他，没有人救他，他们很容易进入失败的死胡同。

人生道路上，小胜靠力，中胜靠智，大胜靠德，全胜靠道。高人的指点，其实就是道，我们在做企业的时候，经常会遇到各种各样的问题。当自己无法解决的时候，我们一定要战胜自己，反省自己，认识到自己的不足，想到去寻找高人，让高人来指点一下。能干事的人往往都很谦虚，人生之路其实就是一个行道的过程，你得到的高人指点越多，就越容易成功。比如说孟尝君手下三千门客，这些门客其实就是那个年代的高人。

我们经常讲，优秀的企业家不动声色就干成了事；中等的企业家忙忙碌碌干不成事；下等的企业家轰轰烈烈干傻事。优秀的企业家在干什么？他们在默默地学习，在寻道，在寻找高人，来解决企业发展道路上的各种各样的疑难问题。现在社会这么复杂，有各种各样的风险，既有金融风险，也有技术风险，还有贸易风险等，如果没有各种各样的高人指导，我们企业发展道路上碰到的诸多疑难问题怎么去解决？光靠个人的认知是根本解决不了的。

再讲一个香港富豪的故事。那个富豪，一开始创业比较顺利，做得也不错。有一次，碰到一个高人，其貌不扬，但神采奕奕，精气神很好。这个高人看了他以后对他讲，要防范金融危机，这一年当中你要在债务方面小心，说完高人就走了。这个富豪很不以为然，哈哈一笑说："胡说八道，我怎么会有债务危机呢？我现金流这么好。"没想到一个月以后，银行听到各种各样的传闻，上门追债。他想，如果银行抽贷的话，整个企业就完了，这时他才深刻意识到一个月以前，那个高人跟他讲过的话是多么重要。他非常懊悔，如果那时能够虚心听高人的忠告，自己就不至于这么被动。

他在深陷困境的时候，感到没有脸面去见那个高人，于是托了朋友再三恳求，那个高人才答应见他。见面以后，那个高人很诚恳地跟他讲："你要克服你的傲气，你的企业是有救的。你过去之所以深陷困境，就是因为你的傲气，你的刚愎自用，我已经听了关于你企业的一些传闻，其实企业的好坏不在于你报表的好坏，关键在于企业的口碑和企业家的口碑。"

人生道路上有高人指点，可以帮助我们少走人生的弯路。高人让我们看得更远，能站在高处去寻找目标；高人让我们看得更宽，拥有宽阔的思路；高人让我们看得更淡，坦然面对人生道路上的各种诱惑；高人让我们看得更清，看清事物的本质，默默地去做好自己的本分。只有这样，我们的人生道路才会更灿烂，才会更辉煌。

谢谢大家!

人生顿悟

大家早上好：

今天讲《人生顿悟》。

人生道路上为什么有的人很成功，而有的人却很失败？为什么有的人活得很幸福，而有的人却活得很落魄？这里面有一个主要的因素就是开悟。有的人面临痛苦的环境能够瞬间开悟，有的人随时开悟，而有的人到了七老八十还不开悟。如果把你内心里面愚钝的东西驱逐出去，让智慧的东西建立起来，你的人生马上就会发生变化。

有一个企业家朋友过去从来不按正常作息生活，工作上是拼命三郎，生活上经常胡吃海塞，时间一长就得了重病。经过这次生死磨难以后，他牢记出院时医生给他的忠告：管住嘴，迈开腿，安心睡，心态好。经过几年的自律生活，他现在精神面貌焕然一新，体重从将近两百斤减到了一百四十斤，体质也完全发生了变化，思想面貌也有了飞跃，这就是开悟的结果。

人生最好的道是顿悟。为什么许多人在苦难当中能够顿悟呢？因为苦难是人生最好的修行，心学大师王阳明被贬龙场，在一个风雨交加的夜晚，在石棺中大叫一声坐起，从此有了阳明心学。在苦难当中修行，在人生苦海当中历练蜕变就是自己最好的道，也是顿悟以后自己走的金光大道，我们一定要寻找开悟的人生之道。

年少的时候不知生活的艰难，但是随着年龄的增长，我们慢慢懂得了事在人为是一种积极的人生态度，顺其自然是一种达观的生存之道，水到渠成是一种高超的入世智慧，淡泊宁静是一种超脱的生活态度。自己的委屈由自己来消化，我们自己的艰难的故事，不用逢人去讲，否则就会变成可怜的祥林嫂，过去精彩不见得明天也精彩，只有努力是每天必做的功课，这些都是我们不断开悟的结果。

我们慢慢明白，人之所以痛苦是因为在追求错误的事情。随着年岁的增长，随着经历的增长，我们慢慢明白了许多人生道理。一个台阶一个台阶往上走，这就是人生开悟的结果。我们要去寻找开悟的金钥匙，而不是在愚蠢的道路上越走越远，越走越痛苦。

王阳明的四个人生顿悟可以给我们很多启示：第一是立志。志不立天下无可成之事，所以首先要树立一个人生的目标，只有这样你才能够有方向。第二是勤奋。光有目标，自己不去努力，不去勤学苦练是不行的，不要以为自己聪慧，有小聪明就可以不去努力，我们一定要勤奋，要谦虚，只有这样才能够攀登成功的高峰。第三是自省。我们要经常反省改过，人不贵于无过而贵于改过。第四是择善。对待朋友的过失，要“忠告而善道”。对别人的错误，特别是对于朋友的过失，要做到努力地劝导和开导，但一定要注意说话的方式方法，不要恶声恶语，不要情绪化。但现实中，我们许多人对最亲近的人经常用最恶劣的语言，而对外人往往却是客客气气的。王阳明这四个人生顿悟，实际上也是成就心学的基石。我们经常要反省自己，看自己顿悟了没有，看自己离成功有多大的距离，只有这样，我们的人生才会散发光芒。

人生开悟以后，天气的变化、人情的冷暖、境遇的好坏都不会影响自己的心情。人顿悟以前，别人的一言一行，甚至别人的脸色，或者工作环境、生活条件，时时刻刻都会影响我们的心情，因为我们的心是愚钝的，若让这些垃圾经常充满我们的内心，我们的智慧就无法散发光芒。人生顿悟以后，即便看到了世事沧桑，内心也会安然自若，这样人就不会活得累。左右自己心境的东西慢慢少了，人就活出了灿烂的自己。

人生顿悟以后，就会意识到绝大多数的烦恼都是自己想出来的。面对生活和工作当中的那些事情，换一种心态，就会让自己感觉到快乐许多，很多莫名其妙的压力就会减下来，许多东西我们就会拿得起放得下，这样会让我们的生活环境改变许多，会让我们的工作环境变得美好。其实我们只要改变我们的心态，周围的一切都会充满着微笑，许多烦恼都是自己想出来的。

人顿悟以后，第一，会懂得“君子知天命，知命而不争”。曾国藩讲，君子之道以知命为第一要务。人只有顿悟以后才能看淡看透看穿。第二，会知道“祸福由天定，善恶由人主”。曾国藩认为，祸福由天，善恶在人。当然听天命，并不意味着放任自流，尽人事，听天命，才是最好的处世哲学。第三，会知道“人情有嫌隙，翻覆似波澜”。曾国藩讲，天下无完全无间之人才，亦无完全无隙之交情。对于这个人生道理，我们开悟以后就会严格要求自己，就会多去包容、宽容别人，就不会去管别人的闲事。第四，会知道“不妄与人亲，不妄与人疏”。知道人与人最好的关系，就是若即若离，也就是古人讲的君子之交淡如水，而不是指有时候太过亲密，有时候又太过冷淡，翻脸比翻书还快。我们一定要明白，距离就是美，人与人之间要保持适当的距离。

有个企业家朋友跟我讲，人生顿悟太重要了，比如说这次疫情，许多人待在家里缺乏锻炼，体重增了10%，甚至20%，完全变成了另外一个模样，而有些人天天坚持合理的饮食，不暴饮暴食，坚持运动，从不放纵自己，这就是自律和不自律之间的差距。两种生活方式之间差的不单单是体重，差的是整个人生。这也是人是否顿悟的结果。我们一定要去寻找人生顿悟的道路，迷茫的时候，要自己开悟，去做好自己；自己开不了悟，可以让贵人让高人帮助自己开悟。

谢谢大家！

健康地活着

大家早上好：

今天讲《健康地活着》。

2020年5月4号，北大校友钟南山院士以视频演讲的方式参加北京大学“疫情重袭后的全球治理”理论研讨会，发表了题为《新冠肺炎后的健康世界》的演讲。钟院士讲：“我也喜欢运动，我记得1959年，也就是六十一年前，当时在北京医学院的操场，在一次比赛中，我打破了400米中栏全国纪录，拿了一个奖。当时我就说：‘人最大的成功是健康地活着。’”什么最重要？健康最重要，健康是1，财富权贵美貌等都是0。

人生的福气，就在于有没有这个1。如果没有1，没有健康等于什么都没有。以前听过一个真实的故事，有一个身家几百亿的富豪，年纪轻轻就病魔缠身，快不行的时候，他在医院里把几百万的钱往地上撒，然后一边哭一边哀求医生说，不管花多少钱都要救救他，但是他感悟得太晚了，病魔还是把他早早收走了。还有一个故事，这是2019年的事，河南房地产界有一个著名的百亿富豪，在北京西客站患心梗去世了，四十多岁就走了。

世界上最好的福报无非是健康地活着。明代高僧藕益智旭讲，烦恼即菩提，生死即涅槃。我们的生命太短暂，岁月是有限的，我们只要好好地活着，过好每一天就是最大的福气。经过这次新冠肺炎疫情，我们更深刻地意识到应该怎样地生活，怎样智慧地健康地活着，这是我们所面对的一个重要的课题，这个课题比挣钱更重要。我们要少烦恼，少纠结，让精神饱满、身体健康，这是每天的要务。人生短暂，如果说按照一百年来算，也就是三万六千多天，能留下的不过是好好活着的每一个记忆。所以人不能愚蠢地活着，不要等到失去了健康才开始懊悔。平时吃不好睡不好，整天就是忙忙忙，日子过得不顺心，人生的幸福何从谈起？其实，美好的人生就是健康地活着，活是一个过程，我们要明白这个人生的真谛。

我们要健康地活着，特别是有智慧地健康地活着，不浪费每一天，不浪费每一分的幸福，用自己的努力去服务社会，为大家带去幸福和快乐，努力提升道德水平，提升自己的能力，让自己过得幸福快乐，也把这份光彩带给别人奉献给社会，只有这样，你的人生才是灿烂的。

人能够平安健康地活着就是好，有了健康才有了一切的可能，才有去追求和实现梦想的可能，有了健康才能够去做想做的事。如果整天被病魔缠扰，时刻与医院医生打交道，那么你的人生就是不幸的，就是痛苦烦恼的，所以我们应该感恩，感恩父母给了我们健康的身体，感恩自己通过努力有一个好身体。感恩，我们首先要从珍惜自己的身体开始，珍惜自己的健康开始。健康是两个方面的，一个是心灵的健康，一个是身体的健康。我们必须要注重这两点。

有一段非常流行的话：不要晒你的钱，到了医院钱都是纸；不要晒你的工作，你倒下了有无数个人会比你做得更好；不要晒你的房，你走了那就是别人的窝；不要晒你的车，你离开以后，车钥匙就掌握在别人手里。我们悟透了这个人生真谛，就会放下纠结，就会放下烦恼，我们就会顿悟。当烦恼的时候，痛苦的时候，我们就会去运动，就会去读书，就会把很多负面的情绪驱散，让积极心态和快乐的因子住进来。这样，我们就有了智慧的人生。

我们应该把脚步慢下来，去多晒晒太阳，多喝点清茶，多享受健康的生活。我们要善待自己，一定要重视保养和养生，不要以为这些是老年人的事情。善待自己，健康无价，因为只有拥有了健康，你才拥有一切。没有健康，一切都是浮云。健康是用钱也买不来的。上半生去努力挣钱，下半生用金钱来买健康，这样活着是不值得的。生活是自己的，身体也是自己的，我们要过健康的生活，一定要锻炼好自己的身体。

把身体锻炼好，把身体保养好，这是一切的前提。有了好身体才有好精力，才能把事情做好，身体是革命的基础，是人生的基础。我们只有把自己的身体基础打好，才有资本去挑战人生的风风雨雨，才能去战胜生活和工作当中各种各样的困难。我们必须明白，让自己健康地活着是生命当中最重要的事情。

我们经常看到有些人仗着自己年轻，三十多岁时拼命地去熬夜。其实你熬的夜早晚会变成悔恨的泪水，因为你熬的是命。有的人为了一件小事，为了别人的一句话，拼命地生气、纠结，其实你生的是邪气，毁的是你自己的身体。有些人经常乱发脾气，发的也是邪气，伤害的最终也是自己的身体。我们必须明白，良好的灵魂，良好的修养，实际上就是养生、养心、养命。

善待自己，照顾好自己，我们要从每天最简单的事情做起。第一是要好好睡觉。第二是要好好吃饭。人生短暂，成败功名只等闲，恩恩怨怨任它去。身体健康是本钱，我们要从拥有一个好心态、管住嘴、迈开腿、安心睡这四个方面去努力实践，把自己的身体照顾好，只有这样才能拥有人生的一切。

谢谢大家！

包容别人

大家早上好：

今天讲《包容别人》。

一个人真正的教养体现在对别人的善意和包容上，学会换位思考，接纳别人优点的同时也包容其缺点。我们的心量大一点就不会有伤害，如果处处以自我为中心，不肯容纳别人的缺点，别人烦恼痛苦，自己也不会舒服。心存大爱，包容别人，就是最大的悟道。

在人生道路上，包容是不可缺少的。草木有情皆长养，乾坤无地不包容。包容是我们人生道路上的一个法宝，我们要学会去爱人，去容忍，去宽容待人。许多人被金钱充斥了头脑，对人与事物的评判只用金钱去衡量，对人不包容，这是非常可怕的。包容就是和谐，就是与别人共同生长。我们要运用宽大的胸怀去包容别人，不要与人斤斤计较。

在人生道路上，许多人只看自己的优点，不肯看自己的缺点；对别人只接纳优点，不肯容纳缺点。但是人无完人，包容是一种美德，它使我们的人格得到升华，使我们的心灵得到净化。包容也是一种境界，只有胸怀坦荡的人才能做到包容。包容还是一种幸福，你包容别人，得到别人的认可，你的人生路才会宽广，如果你不肯包容别人，反过来别人也不会包容你，那么你的人生将处处是高墙。所以如果我们不想伤害别人，就要包容别人；不想伤害自己，也要包容别人。

哲人讲，水至清则无鱼，人至察则无友。人都有优点与缺点，长处与短处，两个方面都能包容就是我们自己的财富。如果你总是在埋怨当中度过，那就没有快乐和幸福。如果你包容别人的过错，包容别人的不完美，那么你会得到更多。

生活当中，特别是工作当中肯定有磕磕碰碰，但是如果你有包容他人之心，能够体谅别人的不足，接纳别人的不完美，那么你就会得到许多幸福和快乐。因为每个人都有犯错的时候。如果你总盯着别人的错误不放，以证明自己的正确和优越，然后获得自我的满足，并且随意去中伤别人，那么最后你的人生道路就会越走越窄，别人也会以怨恨的心回击你。用善意的心包容别人才是教养的最高境界。

想起发生在我们尊敬的周总理身上的一个关于宽容的故事。有一次，理发师正在给周总理刮胡子，周总理突然咳嗽了一下，理发师手一抖，刀片就把他的脸刮破了。这时候，理发师非常紧张，不知所措，但是令人惊讶的是，周总理不但没有责怪他，反而客气地说："这不怪你，我咳嗽以前也没有跟你打招呼，这是一件小事，你不要记挂在心上。"我们从这件事上看出了周总理身上的美德，那就是包容他人。包容是一种智慧，也是一种力量，它能够使人生散发出光辉。

又想起一个古代的故事。春秋时期的政治家、军事家管仲相貌堂堂，很有才华。年轻的时候，他与鲍叔牙一起做生意挣了钱，大家分成的时候，管仲总是多拿一些，别人看了以后很生气，说这个人怎么这么贪财。鲍叔牙说，管仲不是一个贪小便宜的人，他多拿钱，是因为家里穷，我是心甘情愿让他多拿的。后来管仲参了军，每次打仗也都是在后面，撤退的时候，都跑在最前面，别人又骂他是个胆小鬼，但是鲍叔牙出面阻止别人的取笑，说他这样是因为家里有老母亲需要赡养。管仲听了以后非常感动，说，生我的是我父母，而真正了解我的却是鲍叔牙。他们俩就成了生死之交。所以包容他人能够得到真正的友情，也能够得到真正的朋友。

我们要学会包容他人，这是真正的大智慧。生活当中我们很多人正是因为不肯去包容别人，老是看到别人的过错，老是看到别人的缺点，结果自己也很烦。人生道路上，如果我们用包容的大智慧来照亮人生道路，就会避免绝大多数的烦恼，并且会得到更多朋友的帮助。

爱情也好，婚姻也好，更重要的是包容对方。我听过郑源唱的《包容》这首歌，非常喜欢。它里面有一个重要思想，不管对方犯了什么错都要去包容他，因为只有包容才是真正的爱。生活当中很多人不懂包容，最后把最亲的人赶跑了。人无完人，我们一定要用大智慧，用大的慈悲的心去包容对方，只有这样才能真正把爱留住，才能够让幸福和快乐长久地陪伴你。如果小肚鸡肠，不肯去包容对方的缺点，那么这种幸福和快乐是短暂的。

古人说："和以处众，宽以接下，恕以待人，君子人也。"宽容别人，包容他人是一种真正的美德，能容小人，方成君子，遇到方便的时候与人方便，得饶人处且饶人。宽容包容，让别人愉悦，自己也快乐。而那些刻薄的人让别人痛苦，自己也难受。所以真正的人生就是要学会包容他人，包容让你的朋友越来越多，让你的人生道路越走越宽阔，我们必须明白这个人生大智慧。

谢谢大家！

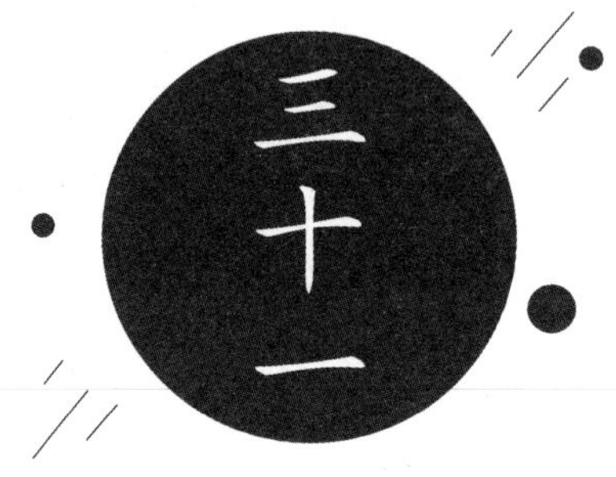

内求多福

大家早上好：

今天讲《内求多福》。

真正有智慧的人，从来都懂得不去盲目向外求，不去盲目依赖别人。他知道真正能让自己一生平安的就是向内求，提升自己的人品，提升自己的能力，让自己生活得更加健康。他明白一个人成熟的标志就是懂得每天发生在自己身上的99%的事情，对于别人来讲是毫无意义的，所以我们一定要自信自强，依靠自己。

往外求，求别人的帮助，但别人的施舍是有限的。当你风光的时候，朋友认识了你；当你落魄的时候，你认识了朋友。总有一些人在你求助的时候让你寒心，所以与其依赖等待，不如自强自信，我们只有靠自己，靠自己坚强，靠自己乐观才能让自己走得更好，生活得更好。向外求不如求自己，提升自己的道德水平。人品是一个人最贵重的靠山，也是一个人最耀眼的名片。

有人说，一个健全的心态比一百种智慧更有力量。所以要管理好自己的脾气，控制自己的消极心态。遇事不要态度消极，不要总大发雷霆，不要总焦虑不安。俗话说，人有什么样的脾气就有什么样的人生。你控制好了脾气，你的人生就开始灿烂了，所以我们要向内求，求自己的好人品，求自己的好能力，求自己的好心态，求自己的好健康。

人生道路上是向内求还是向外求，决定了两种人生态度、两种人生结果。如果你生活得不如意，总觉得环境让你很烦恼，很纠结，很痛苦，那么这个时候你就应该冷静地思考，自己有哪些地方不对，有哪些地方需要改进。去改造环境，还不如改变自己，比如说工作当中，你抱怨的时候，你感觉到别人跟你作对的时候，你要多问问自己，自己的毛病在哪里？如果改变自己的态度，改变自己的工作状态是不是会更好？比如说在家里，如果你感觉到这个家庭让你很不舒服，并且在家里上骂老下骂小，那么你一辈子都不会有出息。如果你不去感恩父母，不去赡养孩子，不去尊敬你的亲人，你怎么可能会在社会上获得别人的尊敬呢？在单位里面也是一样，要尊敬你的领导，去团结你的同事，向他们学习，学习他们优秀的地方。只有这样，你的人生、你的处境才会得到彻底的改变，所以向内求能够得到更多的福气，如果说一味地向外去求，你将感到苦海无边，烦恼多多。

有人讲，心有灵山，莫向外求；内求于心，外求于道；坚守本心，成就真我；但求随心，勿忘本心；明心见性，直指本心；圣人内求，世人外求。人活着，不要违背自己的本性，不要违背自己的初心，人只有不断地修炼自己，不断地向内求，才会有好的福气随时追随着你，随时伴随着你，让你一生平安幸福快乐。如果你总是向外去求，那么永远是痛苦纠结的，永远是烦恼无比的。

过去我看过一个关于自度的故事，这个故事告诉我们，人不要在别人的鄙视和轻蔑当中没有尊严地活着，要改变卑微的命运，必须自立自强。人生唯有自度，只有向内去求才能改变命运，才能达到辉煌的彼岸。

故事是这样的：唐朝年间，有一个小破庙里面住着一个乞丐，这个乞丐只有二十多岁，据说几年以前，他的家乡遭遇了一次大洪水，家人都被淹死了，只有他一个人逃到这里，住在破庙里面以乞讨为生。

有一天，他出门去乞讨，前面有一条大河，河边有一个渡口，有一条小船，是用绳索拉没有摆渡人的那种船。他来到渡口的时候，看到一个老和尚已经先上了，就要摆渡，他就紧跑几步，麻利地跳上了渡船。这个老和尚一看他上了船，就赶紧走下船来，意思让他先走。这个乞丐讲："您不要这样，我年轻身体强壮，我来拿绳子，您只管坐着就行，我来渡您。”和尚不干，说：“你自己渡吧。”

这个年轻的乞丐，听到老和尚这句“你自己渡吧”，突然猛醒：我年纪轻轻，没病没灾，一身的力气，为什么要讨饭呢？我要自度。他默念着老和尚的那句箴言，决心自立自强，后来，真的改变了自己的人生，变贫为富。后来他知道度他的那个老和尚就是当时的得道高僧。转眼十年过去了，有一天，当年度他的禅师，正在寺庙里面闭目坐禅，从外面走进来一个衣着光鲜的施主，这个施主一进门二话没说就跪在他面前说：“师父，我是来报恩的。”

那个禅师讲：“我这里不需要你报恩，你已经向内求，我说的‘自度’已经让你觉醒了，你不妨把你的钱财用在原来那个渡口，在那里造座桥吧。”这就是那个有名的向内求的小故事，它提醒人们在处境困难的时候，在泥泞道路上行走的时候要猛醒，要自度，这是一种人生哲学。我们要深刻地思考在困难的时候应该怎么办，在遇到挫折的时候应该怎么办，其实最好的办法那就是向内去自求，自度才能多福。

向内求会让你更加优秀，我们向内求，首先要从早睡早起锻炼好身体做起。我们好多人熬夜打游戏，熬夜刷手机，但是从来没想过怎样科学安排作息时间，怎样保养自己的身体。白天萎靡不振的时候就该想想，我们应该改变自己的生活习惯，一日之计在于晨，浪费了早上的时光，实在是太可惜。我们不花费任何的成本就可以改变自己，从早睡早起开始。

向内求，要从喜欢读书开始。读书越多的人越会感觉到自己知道的很少，越会发现自己的渺小，也就越懂得敬畏与谦卑。一个人越是心存敬畏去感恩别人，他的品行自然越发温润，所以要想让自己变得更加优秀，就要保证每天有一定的阅读量，这样日积月累，你的气质就会变得完全不一样。读过书的人，有知识的人，他的气质、他的气度、他的风度是完全不一样的，你读书越多，思考越多，你改变的就越多。

向内求的人，都是坚持运动的人，都是自律的人，时间长了，你的生活、你的身体一定会发生质的变化。你将成为一个健身达人，一个更好的人。向内求的人，也是一个扬长避短的人，他会多去经营自己的长处。向内求是一件随手可得的事情，关键在于你内心的态度是积极的还是消极的。心态消极的人，一味向外求，一味哀叹；心态积极的人，经常会看到自己的不足，看到别人的长处，会不断去学习，不断地去鞭策自己。

谢谢大家！

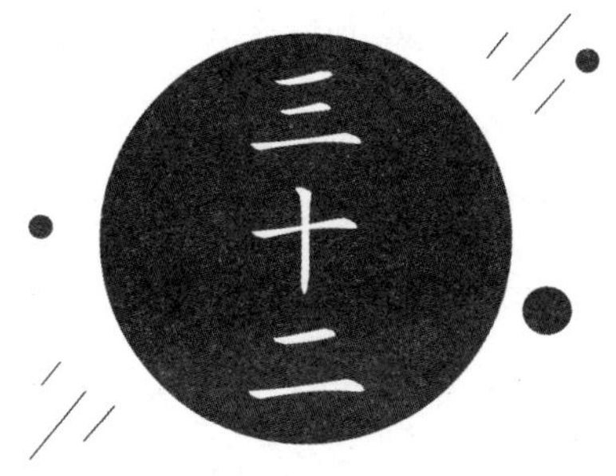

耐心决定成败

大家早上好：

今天讲《耐心决定成败》。

当今社会，不耐烦好像成了一种通病，不管干什么事情，很多人都显得急不可耐。生活也好，工作也好，总是等不得，坐不住，静不下来，总是表现出一副毛毛躁躁的样子。看到有人挣钱了，看到有人成功了，看到有人被提拔了，自己一下子就乱了方寸、节奏和步伐，变得焦躁不安，心慌意乱。

很多人都不愿意去下笨功夫，他们缺乏耐心，都不想走曲折泥泞的路，更不想走难走的路，不想去花更多的时间做那些默默无闻、精雕细琢、精益求精的事。人人都渴望梦想成真，却不肯去花工夫做实在的事情。一急二躁三冒火，急躁的、缺乏耐心的生活态度和工作态度，容易给人生造成许多麻烦。在追求成功的路上，很多人就是因为缺乏耐心而失败的。

查理·芒格劝诫人们，你需要的不是大量的行动，而是大量的耐心。人人都渴望成功，但是在忙忙碌碌当中，在心神不安当中，我们却发现，许多人即便很聪明，情商也较高，但就是缺乏耐心，因而失去了很多的机会。其实成功就在你的身边，获得它的关键就是你要有耐心，有足够的耐心去精益求精。我们常感叹自己已忙得晕头转向，但结果仍不如意，原因可能就在于你没有耐心。

耐心是一个好品质，因为取得成功就好像钓鱼一样，你必须要有足够的耐心才能钓到大鱼。成功意味着你要非常有耐心，并且要在行动时主动出击。你如果从不同地方汲取养分，而不仅仅从自己的糟糕经验当中吸取教训，你就会变得越好。智慧的人也会经常劝人要耐心去做事情，耐心去生活，耐心与人相处。耐心是我们日常生活、工作当中非常珍贵的一种品质，但是许多人把耐心丢失了，所以在生活中就变得烦躁不安。

静能生慧。人只有平静下来，耐心地去工作、去生活、去观察世界，才能够找到机会，才能够发现智慧。我们许多人每天忙忙碌碌，每天烦躁不安，其实这是一种病症，也是人生的一项大忌。我们只有培养耐心这一智慧，人生才会发生质的变化。不要盲目往外去求，应该向内去求，把自己的耐心培养起来。工作耐心，生活耐心，待人处事耐心，你的人生就会散发光芒。

爱迪生一生的发明有几千项，他获得了全世界的赞美，获得了许多荣誉。他成功的秘诀就是勤奋加耐心，比如他寻找灯泡内的耐热材料，就先后试用了大约上千种纤维材料，最后才找到炭丝。有些人嘲笑他，说他失败了上千次，但是他说，我知道在这上千种材料中，哪些适用、哪些不适用。这才是真正的成功大智慧。

爱迪生为了把容易腐烂的硫酸锌电池改造成优质电池，坚持不懈花了十年的时间，进行了将近五万次的试验才获得成功。别说十年，就是一年的笨功夫、慢功夫，我们许多人都不愿意耐心去下。这些人每天想着什么时候该提升，什么时候能够挣到第一桶金，能够挣到一个亿，什么时候能够像富人一样生活，但是从来不去思考怎么样耐心做事，去提升自己，去创造。努力做事才是成功的基石，耐心是成与败的试金石。

人必须要有耐心，拥有信心加耐心，人才能成功。世上无难事，只怕有心人。一个人只要耐心地默默地去干，总能够有所收获。反之，不管你多聪明，学历有多高，背景有多深厚，如果失去了耐心，就很难走到成功的终点。一把斧子虽然小，如果有耐心持之以恒，那么再大的树也会被这把斧子砍倒。人也一样，一定要学会耐心。

钱学森说，不要失去信心，要有耐心，只要坚持不懈，终究会有成果。耐心是一切聪明才智的基础，没有耐心这个基础，人生将会一事无成。我们一定要学会耐心地生活，耐心地工作，耐心地与人和睦相处，如果能做到，那么我们的人生道路上就会处处散发出智慧的光芒。其实耐心是人生的大智慧，但是为什么许多人都把耐心给抛弃了？一个人如果不想耐心地生活，那他将会是悲哀的。

人生的全部本事无非是在耐心和时间的基础上练就的，所以永远不要为自己找任何借口。如果你失去了耐心，那么你的人生将会一事无成。想想许多成功的人，他们的一项优秀品质就是有耐心，肯精益求精去做一件事情。你用心地耐心地去做好一件事情，那么当成功的桂冠戴在你头上的时候，你会发现是耐心帮助了你，所以我们在做一件事情之前，首先要检查自己有没有耐心。

在2019年的作家富豪榜上，刘慈欣的版税排名榜首，他因写《三体》这部作品获得了堪称科幻艺术界诺贝尔奖的雨果奖。刘慈欣曾被称为刘电工，随着由他小说改编而成的电影《流浪地球》的放映，他变得家喻户晓。刘慈欣最早是山西省娘子关电厂一个普通的工程师，那一时期的他对生活和工作感到很苦恼。有一次他去打麻将，一个晚上就输掉八百元钱，这相当于输掉了自己一个月的工资。他非常悔恨地说，我的生活怎么能够这么过呢？从此，他决定认真改过，心想自己在业余时间要找一件正经的事情来做，后来就坚持默默地写作。在别人聊天打麻将的时候，他耐心地坚持不懈地写作。多年以后，他成功了。有一家著名的媒体问他成功的秘密，他说，我只不过是把别人闲聊、打麻将的时间都用在耐心写作上，没有什么别的方法，这就是他的成功之道。科幻作家刘慈欣的成功，就是坚持不懈用耐心来做一件事情。

许多美国人都喜欢他的这部科幻小说《三体》，刘慈欣以一己之力，将中国科幻小说带到了世界级水平，让科幻小说不再是欧美人的专利。FACEBOOK（一款社交软件，又称脸书）总裁扎克伯克就是小说《三体》的爱好者，他多次在公开场合称自己是刘慈欣的“粉丝”。除此之外，雷军、马化腾等商界大佬也多次推荐《三体》这本书，并将《三体》作为案例，指导企业的发展。对于刘慈欣，我们不要只盯着他成功的灿烂的一面，更要看到他耐心去写作、去做事的甘于寂寞的一面。

我们很多人在看到别人成功的一面时，内心更加着急，更加上火，更不愿意去耐心做一件事情。但是要想想，别人在成功之前，他们是怎样耐心地去学习、耐心地去做事的。我们与其着急不安地生活，着急不安地工作，不如用心地去工作，用心地去做事，用心地去积累。通过这样无数个日日夜夜的努力，我们肯定会获得最终的成功。

谢谢大家！

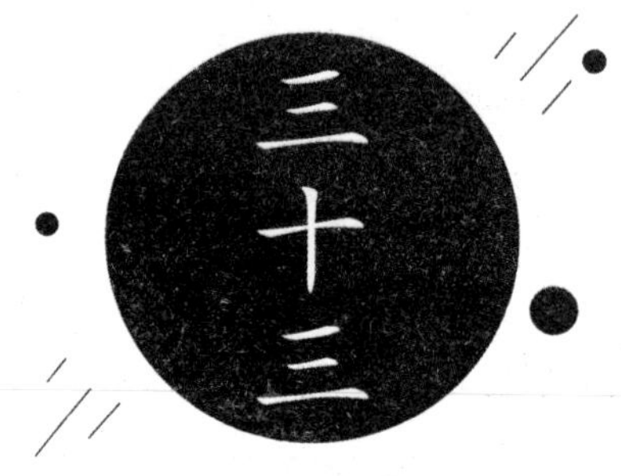

常怀感恩之心

大家早上好：

今天讲《常怀感恩之心》。

有人说，感恩是最微小的美德，忘恩负义是最被人唾弃的。人家帮我永远不忘，我帮人家莫记心上，这样一来，你的人生就会变得轻松。如果用一颗感恩之心去面对生活中的许多坎坷、许多烦恼，那么我们就会感到豁然开朗。我们要感谢父母的恩情，感谢老师的恩情，感谢工作中领导和同事的恩情。

雨果说，卑鄙小人总是忘恩负义的，忘恩负义原本就是卑鄙的一部分。可以说，做人最大的罪过就是忘恩负义。对于人生路上的恩情，我们要牢记。尤其是在工作中，遇到对你好的领导，你要充满感恩之心；遇到对你不好的领导，你也要充满感恩之心，因为他们教授你忍辱之道。怀着一颗感恩的心，你就会感恩各种各样的遇见，从而得到更多的收获。

常怀感恩之心是一种积极的人生态度，感恩让你的内心充满更多力量。无论身处顺境还是逆境，当你对学习、工作、人生、生活以及你所遇到的一切怀有感恩之心时，你会发现，生活是如此的精彩、如此的美好，这一切都会增加你的阅历，提升你的智慧，这些磨炼会让你真正懂得人生的内涵和意义。你越感恩，就越能汲取力量，越能收获精彩的人生。

你越感恩，越能体会到要用喜乐的心去迎接生命，去面对人生道路上的每一个坎坷、每一种困难。因为只有心怀感恩，才会爆发出强大的生命力，你才有勇气去克服学习中的困难，去克服生活中的困难，去克服事业中的困难。只有用感恩的心去面对这些困难和失败，你才会真正地成长和成熟，我们说懂得感恩的人是真正的强者，而忘恩负义的人是真正卑鄙的小人。

我小时候听过乌鸦反哺的故事，幼年时期的乌鸦是由其父母去寻找食物喂养它们的，等乌鸦父母老了、飞不动的时候，它的子女就四处去寻找可口的食物，叼回来以后嘴对嘴喂到父母的口中，来回报父母的养育之恩。

几年前，我还听说在我们老家有一个感人的故事。二十年以前，有一个到浙江去打工的小伙子，当时的他走投无路，连晚饭都吃不起，幸好当时有一个人给了他十块钱。二十年以后，接受十块钱的那个小伙子白手起家成了亿万富豪，他找到了当年的恩人，给予了恩人许多的馈赠和回报，这样的举动让人感动。千万不要忘记那些在人生道路上给过你帮助的人，要常怀感恩之心去回报恩人。

我们讲以恩报恩，中国有句老话叫“滴水之恩，当涌泉相报”，说的就是我们要报答人家。我还听过韩信的故事。韩信小时候家里特别穷，经常没有饭吃，有一位老妇人见他可怜，每天都把自己的饭菜分给他一半。后来韩信被封为大将军，但他始终没有忘记老妇人的一饭之恩，派人四处去寻找，最后以千金相赠。从古到今、从中到外，有许多以恩报恩的故事，这些故事经常激励我们去提升大智慧。

我们来看钱学森，他在二十世纪四十年代就已经成为航空航天领域最为杰出的代表人物之一，他也是二十世纪科学领域里极为稀缺的巨星之一。为了新中国的成长，他做出了无可估量的贡献，是影响力最大、功勋最为卓著的科学家，是新中国爱国留学归国人士当中最有代表性的，也是新中国历史上伟大的人民科学家，他把自己的所学所成，都奉献给了祖国。

我们再看法国的科学家巴斯德，他是微生物学的奠基人。他创造并发展了传染病预防接种法，为人类和家禽家畜的疾病防治做出了巨大的贡献。他的成就使其在整个欧洲享有很高的声誉，所以德国的波恩大学慎重地把名誉学位证书授予了他。但是普法战争爆发以后，德国强占了法国的领土，出于对祖国的热爱，巴斯德毅然决定把名誉学位证书退给波恩大学。他说，科学虽没有国界，但科学家却有自己的祖国。

我还听过一个常怀感恩之心报效祖国的故事。我老家宁波有一位著名的学者叫童第周，小时候我就听到过他的名字。他在国外留学的时候，与他同住的人中有个外国人。有一天，那个外国人挑衅说：童先生，你真辛苦，我一见到你就想到了你的国家是“东亚病夫”。童第周马上拍案而起：不许你侮辱我的祖国，你代表你的国家，我代表我的国家，从明天起看我们谁先取得学位。四年以后，童第周获得了博士学位，受到了欧洲生物界的赞扬，他为自己争了口气，也为祖国争了光。所以说常怀感恩之心能够给人巨大的力量。

我们在人生道路上要常怀感恩之心，不断去感恩。因为感恩不仅是一种美好的品德，还能帮我们消除那些急躁焦虑的情绪，让我们的心灵更加美好。懂得感恩，冬天才不会寒冷，黑夜才不再漫长，在灾难面前，我们才有力量去克服恐惧，才能让幸福快乐的时光经常陪伴在我们身边。一个常怀感恩之心的人，才会珍惜幸福，才会珍惜友情，才会感觉到祖国的温暖，才会经常感觉到快乐，心灵福地才会被润泽。

我们只有不断地去感恩，感恩那些帮助过自己的人，感恩那些经常给自己机会的人，感恩自然界的美景，感恩岁月赐予我们的经历，才会感觉到人生的丰富多彩，体悟到生活的美好和感动。所以感恩是一种美德，是我们浮躁心灵的净化器。懂得感恩就不会随波逐流，懂得感恩就会去更好地品味人生，懂得感恩就不会被人生的很多烦恼所困扰。

谢谢大家!

克服心浮气躁

大家早上好：

今天讲《克服心浮气躁》。

当今社会，许多人做什么事情都想马上成功，不管是投资还是做企业，都想马上挣到钱，表现得非常急功近利。越来越多心浮气躁的情绪，让你感到工作和生活压力越来越大，让你付出更多生活和工作成本，让你的抱怨、烦恼和痛苦越来越多。比如在疫情期间，很多人把时间用在了抱怨、恐惧和痛苦上，却不肯坐下来安静地去读一本书。

“心浮气躁”这一成语出现在林语堂的《京华烟云》第一章：“木兰很敬仰她父亲，他一直拒绝逃离北京，一直拖延到七月十八。

后来既然决定了到故乡杭州去避难，便冷静异常，从容准备，处变不惊，方寸泰然。因为她父亲沉潜于黄老之修养有年，可谓真正的道家高士，从不心浮气躁。”那么为什么我们很多人总是心浮气躁呢？坐不下来安静地读书，坐不下来安静地喝杯清茶，坐不下来好好去工作，这是为什么呢？我们一定要检查自己。检查自己是不是经常朝三暮四，做事不踏实，工作不踏实，对学习没兴趣，在专业上不投入。对手机爱不释手，与手机形影不离，对其他事情，则经常丢三落四，对人对事没兴趣，只对自己那一点感兴趣的事情抱有一种病态的偏爱，然后经常滋生烦恼的情绪，喜怒无常，焦虑不安，患得患失，性情急躁，这样的心态将导致人生一事无成。所以心浮气躁是我们人生成功路上的大敌，是生活当中的大敌，也是为人处世的大敌。我们一定要克服心浮气躁。

心理学家认为，心浮气躁是一种坏情绪，也是一种不可取的生活态度。人生没有目标就会感到迷茫，内心迷茫必然会产生浮躁情绪。面对急剧变化的社会，面对各种各样的危机，不知所为，心中无底，恐慌烦恼，对前途没有信心，做事没有恒心；不会持之以恒去做一件事情，见异思迁，不安分守己，总想投机取巧；整天无所事事，脾气还很大，心神不宁，又总处于又忙又烦的应急状态当中。长久下来，一个人就会被这种所谓的快节奏生活胁迫，感到无奈无助，最后精神状态处于崩溃的边缘。

中医专家认为，上述这些状态就叫作“火热内生”，也就是内火大。当人体的血气、津液、元阴等物质亏损，又过度劳累、长久生病、大量失血、饮食失宜，就容易在外来的六淫邪气中的“火邪”煎熬下，出现体内失衡。内火旺盛或者心阴不足，虚火上延会出现心烦，肝气郁结会出现肝火旺盛，肝阳上亢会出现急躁易怒，所以我们一定要养心修身，一定要心身并养。

我们要明白，欲速则不达，见小利则大事不成，小不忍则乱大谋，三思而后行等道理。我们在工作中在生活上在人生道路上要多一些耐心，少一些急躁。滴水穿石不是因为水流强大，而是因为持之以恒。心急吃不了热豆腐，成功和耐心是成正比的，耐心才是一个人成才的基础。心浮气躁无法让人更好地生活和工作，它会成为一个人人生道路上最大的障碍。

我们想建功立业，想成就大的事业，这样的愿望是好的。只是如果没有耐心，没有戒除急躁情绪，没有持之以恒的精神，那是不可能成功的。有一个有名的一万小时定律说，一万小时的锤炼，是任何人从平凡的人变成世界级大师的必备条件。我们算一下，如果说每天工作八小时，一周工作五天，那么成为某个领域的领军专家，起码需要近五年时间。所以大家想一想，没有五年的冷板凳，没有五年的煎熬，你怎么能够成为一个领军人物呢？我们现在都想挣快钱，急功近利，想马上成功，这怎么可能呢？

心浮气躁是人生成功道路上的大敌，也是各种各样疾病的主要根源。在日常生活和工作当中，心浮气躁的现象比比皆是，我们一定要重视，一定要用自律去克服它。因为心浮气躁的人会一事无成，只有心平气和的人才能够福气多多，才能够获得成功。比如说，有一个在股市经常投资失败的人向我咨询，我说："你从来不去冷静地思考你所要投资的企业的基本情况，只听消息，然后听了消息以后马上买进去，遇到亏损就抱怨别人，你这么心浮气躁，怎么能够投资成功呢?"

在人生道路上要多一些冷静，少一些冷漠。有人说，有许多东西如果我们对它们陷入盲目的崇拜，缺乏自觉，那它们就可能成为我们的包袱和负担。人生要有远大的目标，要有美好的向往和追求，但是如果你控制不了不良的欲望，没有平常心，经常心浮气躁，经常被各种各样的东西所诱惑，不冷静，也不理智，没有稳定的情绪，没有平和的心态，那么就不可能成功，因为这些成功道路上的拦路石已经把你死死地拽住了。

克服心浮气躁，必须脚踏实地，不要好高骛远，不能夜郎自大。我们只有踏踏实实做事，老老实实做人，牢记一万小时定律，用那样的精神来鞭策自己，用坐五年板凳的苦干精神、实干精神来鞭策激励自己，踏踏实实去做一件事，耐心静心去看一本书，好好去思考人生，人生道路上才会开出灿烂的花朵。不要去羡慕别人，心平气和地去生活，踏踏实实地去工作，足矣。生命当中许多东西是可遇不可求的，心浮气躁、刻意强求还可能适得其反。不以物喜，不以己悲，随缘是福，要以获得的心态去面对生活，面对工作，只有这样，你才可能得到更多，生活得更加快乐和幸福。

现在的年轻人有朝气，但是历练少，做事容易心浮气躁。曾国藩曾劝告：处事当求稳慎，不可过急。心浮气躁是导致失败的主要原因，我们做任何事情不要太急躁，不要急于求成，一定要把基本功练好，把基础打好。人生的基础都没打好，就想求大的成功，那是不可能实现的。人生失败中常常出现三个最大的败局：第一是德不配位。你不把人品修好，怎么可能成功呢？第二是计划很大，而哲学智慧却很小。第三是力不胜任。任务很重，能力担当不了。心浮气躁的人肯定是要失败的，我们想想，执导《泰坦尼克号》的卡梅隆，当他的电影成功以后，当铺天盖地的荣誉和巨大的声望落到了他头上以后，他突然沉默了，消失了。沉寂数年，他又推出了轰动全球的《阿凡达》。还有著名作家路遥在一个偏僻的煤矿医院写作，在寂寞中创作出《平凡的世界》。

克服心浮气躁，最关键就要克服一个“快”字。现在许多人都想一夜暴富，都想一夜成名。不把人生的基础打好，不去下苦功夫，不去下慢功夫，那怎么能成功呢？我们明白“大道至简”这个道理，人生就不会痛苦，就不会纠结，就会去花时间，每天只要花上一定的时间，去读书，去踏实地工作，人生就会不一样。所以我们不要过多地去关心“术”，而是要去寻找“道”。

谢谢大家！

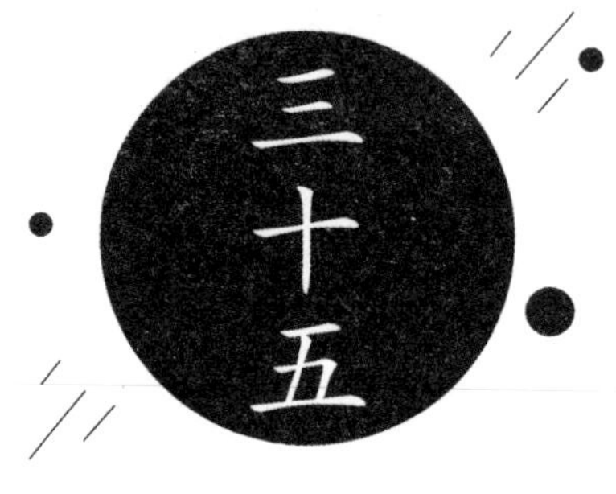

提升格局

大家早上好：

今天讲《提升格局》。

性格决定命运，气度决定格局，细节决定成败，态度决定一切，思路决定出路，高度决定深度。我们观察到，有些企业家过去企业经营得不错，市场也开拓得不错，但是为什么还会失败呢？在我看来，主要在于企业家的格局太小，他的小格局最后把自己的事业给阻住了，把人际关系给破坏了，把企业环境给搞坏了。我们一定要不断拓宽自己的格局，提升自己的格局，只有这样，我们的人生道路才会越走越宽广。

为什么有些人书越念越多，格局却越来越小？书越念越多，境界却越来越低？书越念越多，心眼却越来越小？究其根源还是格局问题，企业家光有知识不行。你有海一样的胸怀，就有海一样的事业，有山一样的高度，就有山一样的事业，你站的位置越高，眼界就会越开阔，思想就会越深刻。如果每天为小肚鸡肠的小事去烦忧，人生就会被琐事缠绕，格局就会越来越小。人只有不断提升自己的格局，事业才能越干越宽广。

格局小的人，境界低的人，心态不好的人，其心胸就狭窄，根本讲不出有格局的话，也做不出有格局的事情，整天都是在细碎的事上纠缠。真正自信的人会活得简单，会对人大方，会经常去感恩别人，让人感觉很舒服。他的人际关系，他的经营环境，他的人生道路就会阳光灿烂。格局其实就决定了你的人生态度，决定了你的人生道路，也决定了你事业发展的高度。

看一个人有没有格局，第一要看这个人有没有担当与责任心。一个真正有格局的人往往是有全局观的，他们做事、办企业不是为了做而做，不是以金钱为主要目的，而是抱着奉献国家、奉献社会的心态。他们做事精益求精、勤勤恳恳，对人襟怀坦白、以诚相待，有强烈的事业心、责任感，在处事中往往能让各方都感觉满意，让对方舒服。而格局小的人，总是只让自己满意，让自己舒服，最后结局却是惨败。有这样一个小故事，说的是三个建筑工人在一起盖房子。旁边的人问他们在干什么，第一个工人一脸迷茫，说我在砌砖；第二个工人很兴奋，说我在盖一栋很大的房子；第三个工人神采飞扬，非常自豪地讲，我在盖这个城市最好的房子，我要让这个城市变得更加美丽。三个人格局不同，十年以后他们的境遇也不一样：第一个工人还是一个普通的工人，在那里埋头砌砖；第二个工人变成了工程师，在工地上指挥大家建房子；第三个工人当上了这个城市的设计师，在他的规划下，这个城市变得越来越漂亮。

看一个人有没有格局，第二就要看他在遇到困难的时候，遇到挫折的时候，是否能够坦然面对。真正有格局的人在遇到困难、挫折的时候，不会抱怨消沉，不会自暴自弃，更不会恐惧悲哀，他更多的是采用积极心态，用客观平和的态度来看这些困难和挫折，他知道百炼成钢，知道这些困难挫折只是通往成长和成功路上的必然经历和考验。而有些人却心态消极，遇到一点挫折，遇到一点困难，就被吓倒，这就是没有格局的人。心理学专家认为，事情都是中性的，遇到事情用积极心态去处理，那么人就会慢慢变得有格局。如果用消极心态去处理，人就会越来越没有格局。如果遇到困难扭头就跑，那么到最后，人生道路上就可能都是困难和挫折，因为一丁点的困难和挫折就把你给压垮了。从某种意义上讲，人生之路对每个人都是一样的，就看你有没有勇气，有没有能力去克服这些困难和挫折，往往格局越大的人，越有办法、越有能力去战胜它们。

看一个人有没有格局，第三就是看他面对别人的指责，面对别人的批评，是不是有涵养去包容。许多人面对别人的批评，不但非常难受，而且会怒目而视，对别人进行反击。但是有格局的人，面对他人无论是善意的批评还是恶意的批评，都会客观地看待，他们会有更多的反思，首先反思自己有没有做得不到位，有则改之无则加勉。对于善意的批评，他们会感恩，并提醒自己；对于非善意的批评，他们能够分析原因并自我检视，以此鞭策自己，兢兢业业、如履薄冰，走好人生的路。

看一个人有没有格局，还体现在他对眼前环境的观察思考，对事物的认知。他们更能够登高望远，自己明白的，自己想办法解决；自己不明白的，会去请高人指点。通过这样的融合，努力提升自己的站位高度。面对自己无法解决的困难，他们更多的是想办法请教高人，所以能够用更好的态度、方法去渡过一个个难关。能够发现自己的潜力，能够在关键时刻请求别人的帮助，这也是有格局的重要体现。

有格局的人，知道观念要比能力更重要，预先的计划要比行动更重要，实际行动要比口头承诺更重要，选择要比努力更重要，认知要比知识更重要，尊重员工的诉求要比口头的表扬更重要。有格局的人知道，虽然现实无法改变，但是可以改变自己；虽然环境没法改变，但是可以改变自己的工作态度；虽然暂时无法说服别人，但是可以想办法先说服自己。

有格局的人，知道命运可以被改变，遇到困难后的第一个念头不是放弃而是不断去努力，命运不等于碰运气而是靠实力不断地做出正确的判断和选择，命运不是等待而是智慧地把握，命运就是我们去勇敢地面对，去智慧地行走，我们要想改变自己的命运，必须要改变自己的观念，提升自己的格局，只有这样，我们的命运才会越来越好。

格局决定人生的命运，所以格局大的人，人生能够左右逢源，而格局小的人，人生处处受挫。如果总是习惯于抱怨命运的不公，那么就应该检查一下自己的格局如何。其实好命运并非是天生的，而是通过后天的修炼才成的。

有格局的人，会明白人生就是一场持久战，能笑到最后才能成为人生的赢家。所以在任何时候都不会轻视健康，因为只有保持身心健康才是自己最大的福气。有格局的人会坚持每天学习，他把读书变成生命当中最重要的一件事情，一个人书读多了，容颜自然会改变。许多时候，人与人的差别，其实就在于你是不是每天都学习，坚持学习的人永远都不会被人生辜负。读不读书，会让你的人生出现差别。

看一个人有没有格局，还有一点就是看他是否大智若愚。在我们快节奏的生活当中，许多人变得非常浮躁，好高骛远，急于求成，并且经常投机取巧。但是有格局的人往往不争不抢，不计得失，经常感恩别人，然后自己一步一个脚印默默去努力，精益求精去做好事情。有格局的人其实心如明镜，他们体现的是大智若愚的大智慧。正如曾国藩所说，天道忌巧，天道忌盈，天道忌贰。

真正有大格局的人都是心怀善意，《六祖坛经》说：一切福田都离不开心田，心田上播下善良的种子总有一天会开花结果。所以人生命运如何，主要还是由自己后天的努力决定的，我们不要去抱怨命运好与不好，而是要看每天是不是在努力，是不是在提升自己的格局。

谢谢大家！

简单生活

大家早上好：

今天讲《简单生活》。

有人认为，人生的幸福程度取决于拥有金钱的多少，取决于地位有多高，取决于名声有多大，取决于容貌多姣好等，其实一个人真正的幸福与社会地位、财富没有多少关系。真正决定一个人幸福的，是他的阅历、眼界、价值观、格局以及支配时间的方式和他的生活趣味，一个人有没有幸福，其实就在于他是否能够生活简单、心态平和。

生活简单就会变得幸福，心态平和就会变得幸福，所以我们要把复杂的生活简单化，把复杂的人生道路简单化，不要总去纠结烦恼。如果我们总是纠结于许多烦恼的事物，那么钱再多，地位再高，再有美貌，再有名声，也不会幸福。真正的幸福是你内心的透明与亲近。

有一位大师曾经说过，少即是多。有一个词叫“断舍离”，说的是我们经常要舍弃很多繁复的人生包袱，比如扔掉柜子里塞得满满的、过去买了又舍不得穿的衣服，扔掉几件破家具，把本来堆积如山的家清理得干干净净。扔完之后，你的心里会充满幸福。否则的话，乱七八糟的房间会让你纠结和闹心，又怎会有生活的好状态呢?

我们把手机上的很多社交软件、很多根本不联系的微信朋友、很多微信群都删掉，重新整理一下自己的需求，学会把时间牢牢地掌握在自己手里，去学习，去安静地思考。曾经有个故事说，一个砍柴的人在路上遇到了一个放羊的朋友，两个人就在一起聊天。一天结束了，羊喂饱了，但是柴在哪里呢?我们一定要把时间放在自己身上，不要放在不靠谱的人身上，否则人生哪还有时间去收获属于自己的幸福呢?

人生真正的幸福不在复杂的人际关系上，不在复杂的生活上，而是在简单的关系和生活当中。生活就像一杯白开水，如果加上了糖，它就是甜的；如果加了盐，它就是咸的；如果加上醋，它就是酸的；如果加了药，它就是苦的。人生最简单、最长久、最有意义的莫过于那杯白开水，它清清淡淡，简简单单。很多人都想去追求轰轰烈烈、风风光光、阔绰张扬的生活，其实那不是幸福，那是烦恼，甚至是灾难。

简单的生活其实蕴藏着许多幸福，并且真正的人生幸福是你自己感觉幸福。如果说一个人把幸福都寄托在别人身上，寄托在虚幻的人生道路上，那么他将遭遇烦恼、痛苦甚至是人生灾难。学会简单生活，让自己的心静下来，舍弃很多不必要的东西，提升自己，充实自己，把自己的实力提高，那么幸福将随时可得。我们一定要珍惜自己的幸福生活，善于驾驭快乐的翅膀，不要让自己的幸福和快乐溜走。

当一个人把事看淡了，把心放平了，眼界放宽了，幸福自然就悄悄来到了。我们所追求的简单生活，不是那种虚无缥缈的东西，更不是那种糜烂的物质生活，而是内心的淡定、生活的祥和、精神的满足和境界的深远。我们追求的是道德境界的提升，同时提升精神的愉悦度。老子说："祸莫大于不知足，咎莫大于欲得。"人如果不知足，得陇望蜀，就会像泰戈尔说的那样："鸟翼上系上黄金，鸟就飞不起来了。"知足就是幸福的源泉，我们要学会享受平淡的幸福。要懂得知足，简单生活，要懂得真正的幸福就是一杯白开水的道理，它不会变质，反而会让你越喝越甜。从医学角度来讲，白开水就是最好的保健品，从人生角度来讲，它是一剂最好的精神良药，我们要经常让自己的生命喝一杯白开水，让自己知足常乐。

有哲人说，拼命赚钱的欲望增长与物质生活的堆积，不应该扼杀我们灵魂的纯洁、心灵的升华、家庭的亲密和社会的善良。许多时候，我们去追求物质的、金钱的复杂生活，却把我们本性中“善良”这个幸福的基石给松动了。当一个人花很多的时间去赚取金钱的时候，他就可能没有更多的时间去做让自己快乐、幸福的事情，也就可能没有更好的幸福的生活，所以我们冷静下来的时候应该思考一下简单生活会让我们获得什么。

笑口常开，简单生活能让我们成为更快乐更幸福的人，生活简单就迷人，人心简单就会得到幸福。如果想得到快乐，想得到幸福，就要学会简单生活，因为只有简单生活才会让生活充满阳光。如果一个人不知足，心放不下，处处以金钱标准来追求自己所谓的幸福生活，那么最后就会苦不堪言，人生道路也会越走越窄。我们一定要猛醒，一定要反复思考：人生为什么会越来越复杂？为什么会越来越痛苦？为什么身体越来越不好？为什么心情越来越糟糕？

很多年以前，我读过《瓦尔登湖》。在疫情期间，我又重新把这本书拜读了一遍。这本书记录了作者梭罗在长达两年多时间里的日常生活状态以及所思所想。他在小木屋旁开荒种地，春种秋收，自给自足；他崇尚自然，与自然交朋友，与湖水森林和飞鸟对话；他在林中观测动物和植物，在船上吹笛，在湖边钓鱼，晚上在小木屋中记录自己的观察和思考；他追求精神生活，关注灵魂的成长，他说：每个人都是自己王国的国王，与这个王国相比，沙皇帝国也不过是一个卑微小国，犹如冰天雪地中的小雪团。作者以他的实际行动告诉我们，人们所追求的大多数奢侈品，大部分所谓的生活的享乐，非但没有必要，而且对人类进步大有阻碍。简单生活是我们人生幸福的真谛，我们一定要去深刻思考，去深刻领会，并且要学会追求简单生活这一真谛。只有简单生活，才会让我们的生命充满活力，充满阳光，让我们活得滋润，让我们活得简简单单，让我们活得痛痛快快。

谢谢大家！

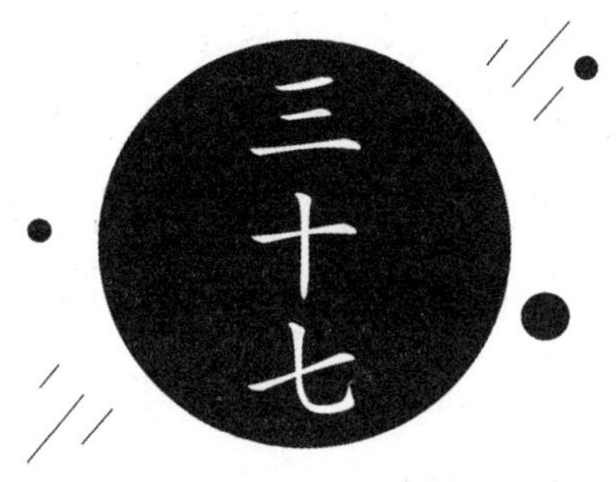

以苦为药

大家早上好：

今天讲《以苦为药》。

人生道路上不可能总是一帆风顺，人生不如意之事十之八九，每个人都会遇到各种各样的挫折，困难、烦恼和痛苦是我们人生的组成部分，是不可避免的。我们应该坦然去面对，而不是无端地感到恐惧。每一次挫折都是人生的历练，月有阴晴圆缺，人有旦夕祸福，这是一个哲学问题。所以遇到厄运，遇到坎坷时，我们要用积极心态去笑对，用智慧去战胜它。

积极向上的人，哪怕遇到再困难的事情，哪怕遇到再恶劣的环境，都会努力去想办法，去冷静地思考。成功的企业家，几乎每一位都有抗击逆境的辛酸史，都有一个奋斗的历程。相反，失败的人，总是畏畏缩缩、灰心丧气，没有蓬勃的朝气，也没有斗志。可以说，只有强者，只有那些有积极心态的人，才能够笑傲江湖。

华为创始人任正非的奋斗史，就是一部与逆境抗争的人生光辉史。在他四十多岁时，家庭发生变故，工作没了，在走投无路时，他面对痛苦的人生，不断抗击，不断去努力，最后成为一位伟大的企业家。只有调整好自己的心态，临危不乱，坦然处之，在人生道路上不断给自己动力，在斗志昂扬中留给自己一份平和的心境，将自己的心灵一次次释放，在逆境当中为自己找到一份宁静，才能不断获得成功。

人们经常说，生气不如争气。面对人生道路上的绝境，我们要学会冷静思考，冷静分析当时的环境，我们要研究，要琢磨怎样才能走出人生的绝境。心中有光明，脚下才有路，才能让自己充满希望，向光明的地方不断地去寻找。如果心里没有光，脚下根本就没有胜利的道路。我们看到很多人在非常幸福的环境中，还是哀叹悲切，归根到底还是因为这种人心里根本没有光亮。

俗话说，吃得苦中苦，方为人上人。人来到这个世界就意味着吃苦的开始，吃苦是人生的必修课。小时候，我们要吃苦，刻苦地去努力学习；到了工作的时候，我们要吃苦，要努力去工作；创业的时候，我们要吃苦，要努力地去创业；去拓展自己的人生道路，去创新，去提升自己的能力，为自己打下一番天地。如果不去吃苦，不去坚持，不去努力地拼搏，我们哪有美好的人生？

为什么有些人以苦为药，能够走出灿烂的人生道路？因为正是这些人生的苦难，激发了他们灵魂深处的动力，让他们变得更加坚强。有一个经典的以苦为药的例子，说的是在英国伦敦有一个女孩儿，大学毕业以后靠着打零工糊口，后来她与一名记者结了婚，但不幸的是那个丈夫后来无情地抛弃了她。她带着四个月大的女儿被赶出了家门，在痛苦当中，她一边打零工，一边喂养孩子，每天晚上，还要给小孩儿讲故事。后来有人对她说，你说的这些故事很有意思，能不能把它写出来？

于是她一边抚养孩子，一边打零工，还一边写小说。当时没有人认可她，也没有人认识她。但她的妹妹看了她的稿子以后非常赞赏，鼓励她说只要努力写下去，一定会成为一个了不起的作家。她每天用手推车推着小女儿走半个小时的路，来到市中心的咖啡馆，然后找一个安静的角落。在孩子熟睡的时候，她专心地写作，而她经受的这些人生苦难，也使她的灵魂大放光芒。1997年，她的作品一经出版就在全世界引起了轰动，这本书的名字就叫《哈利·波特》。

她在写作时已然忘记了家庭破碎的痛苦，忘记了没有房屋居住的艰难，忘记了没有工作、缺乏生活来源的拮据，也忘记了别人的白眼、他人的鄙视，她的眼中只有可爱的小女儿，只有勤奋写作的激情，她每天写啊写，终于成为了闻名全世界的作家。

到现在为止，她的作品已经被翻译成几十种语言，在上百个国家和地区销售，发行上亿册，她被英国女王伊丽莎白授予帝国勋章，并进入美国《福布斯》全球百位名人榜，她就是《哈利·波特》的作者J.K.罗琳。罗琳在接受各媒体的记者采访时，爱说的一句话是，人生就是以苦为药。以苦难作为人生道路上激励自己勤奋努力，在逆境中向上的一面镜子，然后鞭策自己，提升自己。

在人生道路上，很多人都可能会走到失魂落魄的人生最低谷。比如负债，比如丢掉工作，比如家庭破碎，也有很多人陷于迷茫和纠结当中。那么怎样走过这些人生最艰难的日子呢？一是要保持默默向上的积极心态，不要逢人就去诉说你的苦难史，因为没有太多人会来关心你。这时候怎么办？我们要做的是少说多做，不要去唉声叹气，不要啰里啰唆去向别人诉说你的不幸。对于一些苦难，我们要放下。

还有一个就是要多思考，多总结，为什么自己会陷入这种痛苦的逆境当中？一个人遇到挫折、失败不可怕，可怕的是你丧失斗志，从此趴在地上起不来，这才是最让人瞧不起的。我们要不断总结经验，慢慢积蓄力量，调整人生的方向。俗话说，老天爷关上了一扇门，但是又为你打开另外一扇窗。也许危就是机，在失魂落魄的时候，最重要的就是要去思考，要去调整方向，要去改变自己。

为什么有些人虽然身处逆境，但是很快就能够东山再起，而有些人却被逆境困住，在其中煎熬，再也爬不起来？关键的一点就是前者不断地去努力拼搏，不断地去寻找机会，不断地去做人生的强者，而有些人虽然也有各种各样的机会，但是他既不去珍惜，又总是在这种负面的情绪当中失落而痛苦地生活，即便机会来了他也没有发现，或者说他早已经麻木了。

人可能被打倒，但是不可以被打败。潮起潮落是正常的现象，俗话说，三穷三富是正常的，遇到运气不好的时候，最重要的是充满信心、充满勇气，拥有重新来过的斗志。我们要把苦难作为自己的动力，把苦难作为激励自己向上的良药，只有这样，我们的人生道路才会放出灿烂的光芒。

我们要坚信，人生没有过不去的坎，真正让你走出困境的只有你的自信自强。如果不自信自强，反而在逆境当中自怜自艾，那么人生的道路永远是灰暗的，即使偶尔有阳光进来，也照不到你这颗失魂落魄的心。人只有不断地去努力去拼搏，不向厄运低头，不向逆境低头，你的境遇才会一步步好起来，才会不断有光亮照进来。

在逆境当中，很多人都渴望别人能够帮一把、拉一把，当然能得到别人的帮助是一件非常幸运的事。我们应该感恩那些在自己最艰难、最困难的时候向我们伸出援手的人，要铭记别人的好，要以恩报恩。但是我们更要牢记，走出逆境，走出困境，希望的根永远在自己身上，只有自己真正地站起来，别人的帮助才有用，只有自己真正地自强起来，别人的帮助才会起到事半功倍的效果。我们不要一味地把希望寄托在别人身上，因为那是没有根的。

在逆境当中，我们不能躺在地上哀叹，应该忘记过去，总结过去的经验教训，迅速地爬起来，努力去改变现在的处境、现在的状况。只要行动起来，一切都不会太晚。因为只有当你坚强地站起来，人生才会变得越来越美好，那种困苦的环境和处境才会被彻底改变。

谢谢大家!

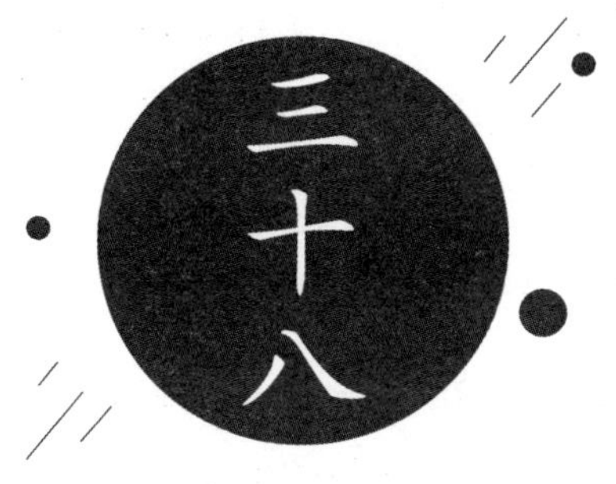

善待今天

大家早上好：

今天讲《善待今天》。

人生是由昨天、今天和明天组成的。年轻的人大多喜欢明天，向往明天的美好；年老的人大多喜欢昨天，时常回忆昨天的辉煌。我们很多人都忽视了真真实实的今天。其实人生最重要的就是当下，昨天已经过去，明天还没有来到，我们能够把握的只有今天。只有今天真实地生活，刻苦地努力，保持美好的心情，才能拥有真实的美好人生，所以说善待今天是最重要的事情，它会让我们拥有最具智慧的人生。

我们已经告别了昨天，但明天还没有来到，我们要用纯净的心去期待。而今天则是真切的，我们只有努力处理好今天的心情，珍惜好今天的人，做好今天的事情，才有美好的明天。对于昨天，我们应该放下，对于未来，我们要憧憬。只有今天踏踏实实地努力，我们的人生才能焕发出灿烂的光辉。

许多人忍受不了今天的辛苦，忍受不了今天的烦恼，所以用追忆过去的办法来逃避，总是沉浸在昨天的美好当中，或者虚幻地去期待明天美妙的环境。其实没有今天的努力，没有处理好今天一分一秒的时光，哪会有美好的明天？今天的苦难，今天的烦恼，今天所有的一切，都要用大智慧去度过。

与其抱怨今天的生活、今天的工作环境，不如去改变自己今天的心情、今天的生活态度。如果一个人用积极的心态去生活，快乐地活在当下，那么明天的工作成绩就会好，明天的身体就会健壮，明天的愿景就会实现。明天的灯在今天，今天就是明天美好生活的基础，只有打好今天的基础，明天才会灿烂。我们一定要有这样的大智慧，不要逃避今天的生活。

真正有大智慧的人会善待每一个今天，用心经营好今天的事情，并且让今天变得美好起来。善待每一个今天，就是面对真实的人生，那也会成就快乐的人生、幸福的人生。如果不去放下昨天，过度幻想明天，却忽略了今天，那么人生就会惨不忍睹，苦不堪言。因为今天是谁都迈不过去的，今天也可能是人生中最大的坎，人只有活好今天，才可能有光辉的一生。

太阳每天都是新的，我们要用喜悦的心去拥抱今天。有了今天的准备、今天的努力，才会有明天的果实。没有今天的辛勤工作，哪有明天美好快乐的生活，哪有灿烂的明天？这是一个最基本的道理。我们不要用烦恼的心情去处理今天的事情。因为你越是这样，你的心情就会越糟糕。今天的生活你都过不好，又怎么会有美好的明天？我们只有用坚强的心志、用愉悦的心情来处理今天的事情，来处理今天的烦恼，才会有美好的明天。

好也好，坏也好，今天的生活构成了实实在在的人生。春夏秋冬，四季轮回，各有美好。春光明媚固然好，但是夏天生命旺盛，令人赞叹，到了秋天又是果实累累，令人喜悦，到了冬天白雪皑皑，令人神怡，由此我们可以体悟到人生沉甸甸的意义。人只有过好每一个阶段，不管春夏秋冬，活好人生四季的每一天，生命才会鲜亮。

我们只有把握好今天，才有资格去谈论明天，如果今天不去努力，不去勤勤恳恳工作，怎么会有美好的明天呢？善待今天，才可能期待明天，我们一定要抓住今天，把握眼前的东西，踏踏实实去生活，用真实的心去过真实的今天的生活，让今天的生活美好起来，让眼前的人美好起来，让我们的心温暖起来，只有这样，我们的明天才会灿烂。这是人生的智慧。

对于昨天，我们应该用减法，放下包袱；对于今天，我们要做加法，增加生活的勇气，增长做好每一件事情的智慧，提升我们做好工作的能力；而只有以踏踏实实的工作态度，不断学习的韧劲，才能为明天美好的生活打下扎实的基础。我们只有生活在今天，在今天用心，才能触摸到明天的美好。

我们要用感恩的心，努力过好今天分分秒秒的快乐时光，珍视今天，珍惜现在。谁也不知道明天和意外哪一个会先来，我们要从生活当中，要从生命当中，甚至要从灾难当中感悟善待今天这一真正的智慧。

谢谢大家！

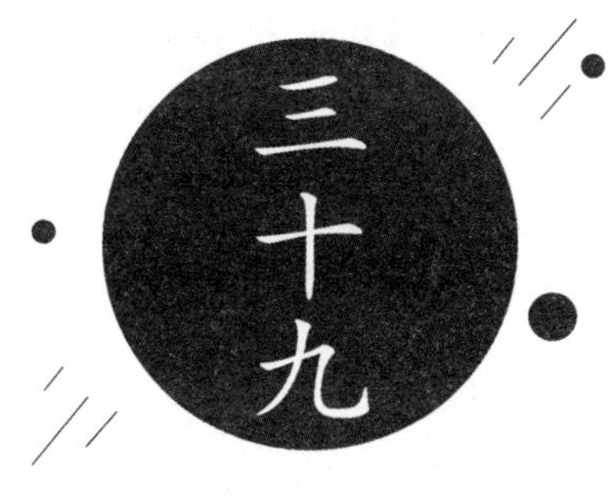

心平气和

大家早上好：

今天讲《心平气和》。

养心等于养命。中医说，春天养肝，夏天养心，秋天养肺，冬天养肾，一年四季我们都要保持心平气和，不乱于心，不乱发脾气，自己的健康自己做主。我们只有心平气和地生活，心平气和地工作，才会有快乐与幸福的人生。什么时候都要学会心平气和地去生活，这是人生的大智慧。我曾看过一家媒体的报道，在北京有一个三口之家，住在十平方米的陋室里，十年不看电视，家里甚至没有洗手间，却藏书极丰，把生活过成了诗。在我看来，只有心平气和的人，才有这样淡定的状态。

有哲人说，只有让自己心平气和静下来，我们才配有精美的生活。如果每天心烦意乱，每天忙忙碌碌而不知道自己在忙什么，怎么会有幸福美好的生活？怎么可能建功立业？有事心定，无事心静，一个人只有自律，战胜自己，让自己真正修行到心平气和的状态，才能够真正成功。

现代社会，各种诱惑很多，许多人不能静，不能定，杂念种种，心神不宁。环顾四周，心绪浮动，很难定下心来去安静地生活，很难定下心来去安静地工作。于是各种烦恼就来了，心就乱了，各种疾病也来了。所以我们一定要意识到心平气和是一种大智慧，想想那居住在十平方米陋室里的一家三口，如果换了另外的人，怎么可能会有心平气和的心境？他们可能早就烦恼了，早就生病了，早就崩溃了。

如果一个人拥有心平气和的大智慧，那他就能够好好说话，就能够好好工作，就能让别人感到舒适，给自己带来正能量的同时，也能给别人传播正能量。他还能够闹中取静，到达闭门即是深山的境界。陶渊明诗曰："结庐在人境，而无车马喧。问君何能尔？心远地自偏。"身处喧嚣的陋室，却能够在喧闹中得一时的闲情，门外市声嚣，门内自有清风翻书声，自有淡淡的清茶香。什么时候我们才能修得这份心平气和的大智慧呢？

曾国藩说，耐冷耐苦，耐劳耐闲。耐冷耐苦耐劳都好理解，但耐闲是一般人做不到的。很多人终日奔波，但是不知道在忙些什么，他心中的尘埃太多，他的欲望太多，他的抱怨也太多，他无法打开心平气和的智慧的观觉，于是活得非常烦恼，非常痛苦，很多时候，他的身心也被病魔所缠扰。

心平气和就是养心。《黄帝内经》说，心为君主之官。我们中有很多人，年纪轻轻却得冠心病、心梗、脑梗离世了，为什么？就是因为平时没有注意到修身养性的重要性，没有意识到心平气和地生活、工作的重要性，如果一个人每天都心浮气躁，那么时间一长，他的心态可能就会崩溃，一个人的心态崩溃了，那么他的人生道路很可能也就堵死了，所以我们无论如何都要修炼心平气和的大智慧。

王阳明曾有一个很有才华的弟子，但是这个弟子有一个最大的缺陷，就是他不能心平气和地说话。有一天，他来向老师讨教，王阳明一看他怒气冲冲的样子，就说，你没有心平气和的状态，我无法跟你说话，你回去吧，等你心平气和的时候，咱们再来探讨。过了两天，那个弟子的心静下来了，再来问老师。老师说，只有在这样的时候，我们相互探讨才是有益的，你也才能够开启智慧。后来，那个弟子真正意识到了，心烦意乱的时候，千万不要跟人说话，也千万不要去做什么决定，否则很可能达不到想要的效果。

我们好多人每天都很烦恼，每天被欲望所驱赶，却很少有心平气和的好状态，甚至每天都在乱发脾气，恶语相向对待别人，而他自己又常常烦躁不安，被物欲所驱使，被金钱所奴役，他会用金钱去衡量别人，几乎没想过以恩报恩，也几乎没想到奉献社会，他始终活在一个小的金钱圈子里，把自己搞得苦不堪言，回过头来看，如果我们能够心平气和地生活，享受一年四季美景，就会发现人生是非常美好的。

为人处世、与人交往，最重要的是心平气和，这是做人最大的修养，也是最基础的修养。如果你心不平，那么别人就很难跟你接触，因为知道你有偏见，有成见，有很大的欲望，他人会自然而然疏远你。如果你的心气又不和，那么会让人感到你气量不够，气量不够，也会让人不敢亲近。所以心不平，气不和，哪会有好的运气呢？又怎么会有人生的福气呢？在家里，你不会跟父母好好说话，不会跟亲人好好说话，家庭就不会和睦；在单位里，你要是不心平气和，那么你的工作氛围就会很差。

真正有智慧的人都会控制自己的情绪，调节自己的心情。学会感恩，而不是放纵自己的负面情绪，才是真正的爱自己、爱别人、爱社会，一个人如果能努力去生活工作，努力去奉献社会，努力去关爱别人，那他就活得很幸福。这种人也是最有智慧的人，因为他们首先学会了怎样让自己始终保持心平气和的生活状态、工作状态，所以我们无论如何都要明白让自己心平气和地生活的人生真谛。

让自己心平气和，不仅包括平日里心情平和，态度温和，也指遇事不着急不生气，这是我们每天的必修课，也是一种大智慧。我们多少人忽视了心平气和这一大智慧，从来没想到去宽容自己，去宽容别人，去报恩社会，每天都围绕着自己的小利小怨打转，每天为了物质奔波，却忘了让自己的心灵每天都能吸收到心平气和的智慧的露水。

如果一个人的心不平，那么他的气就不和，气不和就容易出口伤人，各种各样的灾祸、烦恼、挫折就会接踵而来。人活着，没有必要凡事去争个明白，为人处世，要放下自己的执念，在生活中只有保持一份恬淡平和的心情，拥有一颗放松的心，保持一种简单的生活态度，学会宽容，学会感恩，学会奉献，这样才能让我们的生活充满阳光，充满希望。

一个人的生活环境和工作环境虽差，却仍能够心平气和地生活，说明这个人本领很高。心平气和有三个层次：最高的层次是内心平和；中间的层次是内心不平和，但外表平和；最低的层次是内心不平和，外表也不平和。所以我们一定要认识到心平气和的重要性，每天都要让自己心平气和，因为它能够让我们幸福快乐，如果心不平气不和，那么只会招来灾难，招来烦恼，所以我们一定要每天提升这方面的智慧。

谢谢大家！

相由心生

大家早上好：

今天讲《相由心生》。

叔本华说，人的外表是表现内心的图画，相貌表达并揭示了一个人的性格特征。佛说，命由己造，相由心生，世界万物，皆是化相。心不动，万物皆不动；心不变，万物皆不变。这里的“相”，从广义上来说，是指一个人的喜怒哀乐、善恶美丑，甚至虚荣势利、狡诈贪婪等在脸上的表现。

有人说，一个人的眼界，即为心界；面相，即为心相。从心理学上来说，相由心生指人的心理、心念主导着人的身心，它是生命的支配者，是中枢的中心。通常来看，一个心情愉悦的人，一个身体健康的人，一个乐观豁达的人，往往神采奕奕，红光满面。反之，一个人若是终日愁眉苦脸，那么他可能心计多多，也可能是体内有病。愁容满脸，眉头紧锁，也就是所谓的苦相。

相由心生，它说的是一个人的内心世界决定外部世界，命由境造，相由心生，境随心转，有容乃大。有人说，一个人过了四十岁就要对自己的相貌负责，相由心生，相随心转，我们可以生活艰难，工作辛苦，但是绝对不能放弃提升我们的道德修养，亦不能放弃灵魂的修炼。即使没有靓丽的外表，也绝对不能表现得脏兮兮的，通过道德修养的提升，通过心性的修炼，我们可以变得更加精神，更加富有正能量，我们可以更有亲和力，更能给人好感。

六祖慧能大师说，一切福田不离方寸，从心而觅，感无不通。一个人有多少福报，取决于自己的心念，你的人生道路是由你的心念所决定的。如果一个人善心善念，那么他经常是愉悦的，并且他得到的幸福也就越多；如果一个人经常是心生恶念，心里只有别人和社会对他的不公平，那么他会经常纠结烦恼痛苦，其人生道路也是痛苦的。

改变命运首先要改变自己的心念，如果我们不改变自己的心念，没有给自己一个合理的定位，那么就不可能有喜欢的生活，更不可能陶醉在自己喜欢的工作当中。如果一个人的心态越来越好，那么他就能够更加愉悦地工作，愉悦地生活，这种愉悦的心情就会激发出他更大的潜质潜能，使其事业、生活风生水起，使其真正享受到生活的乐趣、工作的乐趣，使其生命焕发灿烂的光彩。

一个善良的人，他的言语谈吐是美好的；一个善良的人，他的工作是勤勤恳恳兢兢业业的；一个善良的人，他是努力奉献社会的，他是只问耕耘，不问收获的。他的心里没有太多的烦恼，太多的纠结，他始终想着怎么样去回报父母，回馈社会，回馈人民。他的心念是正的，他的人生是愉悦的，他每天沉浸在怎么样去创造价值，去提升价值，让生命发出光芒的想法中。

我小时候听过一个故事，讲的就是相由心生。有一个手艺人，他的技术很好，但是心态不好，经常有恶念产生，经常嫌别人给他的钱太少，认为别人给他的工钱与他的手艺不相配。他每天这样想，久而久之，他自己的生活状况，他对别人的态度、言行都发生了巨大的变化。有一天，他在照镜子时发现自己的相貌变得很丑，不仅凶狠，而且古怪。有一次，一个方丈遇到他，对他说，我可以帮你治疗，但是你要先帮我雕刻一百尊观世音像。这个手艺人接了这雕刻一百尊观世音像的工作以后，进入忘我的境界中。他不断研究观世音菩萨的神态、表情和德行，在雕了一年善良、慈悲、宽容的观世音相以后，他找到方丈说，我已经完成了您的任务，请您验收一下，然后麻烦您帮我看病。方丈验收了这一百尊神采奕奕、惟妙惟肖的观世音菩萨像以后，拿出镜子说，你的病已经好了。

有一个心理学家说，一个人若总是热情洋溢，总是面带微笑，那么他的相就容易变得慈眉善目。如果一个人总想着自己吃亏了，总想着去算计别人，总是以获得更多金钱为人生目标，长期没有笑容，脸部表情僵化，那么他的面相就会越来越狰狞，没有亲和力，这就是我们讲的相由心生。人的面相就像人生履历表，你内在的素质，内在的素养都决定了你外在的形象和风貌。

从哲学上看，相由心生要求我们每天都在自己的心田上播下善良的种子，用善的语言，用善的行为去奉献社会，去奉献人民。只有这样勤勤恳恳去做，才会有开花结果的一天。只有这样，你的生活才会充满阳光，工作才会充满朝气。别人会越来越尊敬你，你的人生道路也会越来越开阔，当我们明白相由心生的哲学道理以后，更会变得心平气和，更不会心浮气躁，就会宽容对待别人，就会与人和和睦睦相处。

我还想到佛印与苏东坡的故事。有一次，苏东坡在寺庙里与佛印大师一起打坐参禅，苏东坡问道，你看我打坐的样子像什么？大师讲，你像一尊佛。佛印见到苏东坡非常高兴，就问道，我像什么？苏东坡马上说，你像一堆牛粪。佛印大师知道苏东坡在趁机嘲弄自己，也没有在意，只是笑而不语。苏东坡很得意，认为自己赢了大师，回到家就眉飞色舞地向妹妹苏小妹说了这件事，苏小妹正色道，心如佛，看人像佛；心如粪，看人像粪。

这个故事也可以让我们想到，一个有责任心的人，可以把卑微的工作变得伟大，而缺乏责任心的人，只会把崇高的工作变得卑下。人与人的差别就在于他的心地是不是善良的，他的行为是不是高尚的。面对一份工作时，如果说你把它看得很低贱，那么这项工作就可能是低贱的，工作环境就可能是恶劣的；如果你把工作看得高尚，那么它就是高尚的。以高度负责的精神来工作，以敬业的精神来做工作，工作就会因为你的责任心变得高尚起来，而我们一定要做一个高尚的人。

相由心生，只有不断地修行，修身养性，改变内在，才能改变自己的面相。当今社会，我们许多人都去求外表，每天用昂贵的化妆品打扮自己的脸蛋。其实这是错误的，若我们不把内心善心修好，那么花再多、再贵重的化妆品都无法改变丑恶的面相。总而言之，我们一定要注重自己的道德修养，在生活条件、物质水平等欲望层面做减法，对道德修养的提升做加法。

谢谢大家！

贵人相助

大家早上好：

今天讲《贵人相助》。

在人生道路上，高人指路，贵人相助，自己努力，小人监督，亲友鼓励，一个都不能少。一个人在成长的道路上，难免会走弯路，会遇到许多困难和挫折，也会时运不济，虽有许多本领，但是怀才不遇，如果这个时候能够有贵人相助，那么就有可能让自己智慧顿生，走出困难的境地。

我们在生活中、在工作中都会碰到各种各样的困难，遇到各种各样的烦恼，有时候当局者迷，旁观者清。如果在关键时候，在迷茫时能够遇到贵人，哪怕被轻轻点拨一下，我们也会茅塞顿开，事半功倍。在迷茫痛苦中，贵人会让你清醒过来。有时当头棒喝，也会给人一种力量，给人一点信心。贵人相助不见得是物质和金钱的帮助，更重要的是给予精神上的指点。

人生道路上，我们要去发现贵人。发现以后，就要紧跟贵人，当然还要去感恩贵人，最后让自己也成为一个贵人。但是在我们的生活、工作中经常会遇到这样的问题，第一，不知道什么是朋友，什么是贵人；第二，遇到贵人总是不知道如何珍惜。那么什么样的人才是我们的贵人呢？激励你，让你看到自己优点的人；帮助你捋清工作、生活中思路的人；让你头脑清醒的人；给你新的观点、积极的好消息，促使你进步的人；经常提醒你，让你头脑冷静的人；提醒你甚至批评你，让你感觉到很难受的人；愿意介绍各种各样高人朋友给你，为你搭桥的人；欣赏你、维护你并且与你三观一致的人；经常给你带来正能量，并让你轻松愉快地生活的人；让你感到舒服的人；经常为你提供精神食粮，给你鼓励，积极引导你向前的人……在人生道路上遇到这些人，我们一定要好好珍惜，一定要感恩他们，因为他们就是你的贵人。

有一个著名的企业家曾经跟我说起过在他生病住院时发生的一件事情，他有一个多年的朋友，每次来医院看他都只是带一些鲜花，然后说一些无关紧要的话。但是有一次这位朋友带来了另一位朋友，后者见到他之后跟他说，虽然医院的条件不错，但是你的心态必须积极起来，要乐观看待病魔，既来之则安之，不仅要积极配合医生的治疗，更重要的是你要用强大的精神去战胜病魔。听了这些话以后他慢慢振作起来，反复告诉自己一定要好好活下来。后来他病愈出院了，他觉得这就是他的贵人。

那个企业家说："在我最痛苦最难受的时候，许多朋友都来看我、安慰我，但是只有那个人真正提醒我，要我首先振作起来，用精神的力量去战胜病魔。从那以后，我就把恐惧抛在脑后，每天看书，每天思考问题，每天用积极的心态来浇灌我枯萎的心灵，没过多久，我的身体发生了变化。后来医生问我，他说我们治疗所用的药，过去和现在都是一样的，但为什么在你身上发生了这么大的变化？后来我笑着跟医生讲，因为我碰到了贵人，这是贵人相助的疗效。"

很多成功的人在讲自己的励志故事时，经常会谈到贵人相助。在困境中，在逆境中，很多人都希望有贵人相助，或帮助注入资金，或提供技术支持，或希望得到提拔赏识，或在自己身处泥潭的时候拉一把，或在精神上给予鼓励、点拨，让自己茅塞顿开，让自己脱离困境，让自己的人生重新进入正道当中。

贵人天天有，但是为什么很多人找不到贵人呢？在我看来，要想获得贵人相助，一是必须要让贵人看到你的风貌，看到你的希望，如果说一个人整天心态消极，整天都在抱怨，整天都在埋怨别人，整天都是粗口连篇，那又怎么会有贵人出现在你身边呢？即便真的出现了，贵人可能也不会出手相助。二是我们一定要善待贵人，因为贵人总是在不经意间出现在你身边，如果你没有慧根，你就发现不了贵人。

有的人遇到他人善意的批评，心里就受不了，其实他可能就是最大的贵人，因为他是在提醒你，提醒了你的毛病并让你去改过。但是批评的话总是不中听的，被批评者可能感到心里很难受，觉得这个人为什么这么讨厌，老是盯着别人的缺点。如果我们有一颗敏锐的心，能感知到普通的朋友和贵人的区别，那么我们这时就应该知道，贵人已经出现了。你想得到贵人相助，就必须要有贵人的相，要诚恳地虚心地听取贵人的教诲，让贵人的智慧之泉浇灌你枯萎的心灵。

我们苦苦去寻找贵人相助，但是我们也必须明白，自己就是自己最大的贵人。如果我们心地不善良，也不乐于助人，那怎么能够遇到贵人呢？如果我们不去孝顺父母，不去尊老爱幼，那怎么能够得到贵人相助呢？如果我们不懂得宽容，不做心胸开阔的人，又怎么能得到贵人相助呢？如果我们没有独立自主的精神，不自信自强，我们怎么能够遇到贵人呢？如果我们不是面带微笑，心态乐观的人，怎么会遇到贵人呢？

人生道路上，若想得到贵人相助，首先要成为自己的贵人。因为你是贵人，才有其他贵人相助。如果你每天唉声叹气，总哭丧着脸，那又怎么会有贵人相助呢？所以我们每天都要修炼自己，面对困难，面对逆境，仍要微笑。因为你是好人，才有天助，你是贵人，才有贵人相助，一个人能面带微笑，有善心，说好话，肯定会有贵人来相助。

一个人满怀感恩之心，即使在最困难的时候，也会保持积极努力向上的姿态，不被消极心态缠绕，自己的苦，自己的累，坚决自己扛着，坚决挺着，坚强生活，努力工作。当身边有贵人发现你这样的优秀品格时，他肯定会来帮你。我们一定要记住，人生道路上，不管有没有贵人相助，我们都要努力成为自己的贵人，坚强地去走好人生的路。

常怀感恩之心的人，有事业心的人，大气的人，有创新能力的人，行动力、执行力强的人，面带微笑的人，不存贪念的人，不会过河拆桥的人，这些人都会经常得到贵人的相助。

谢谢大家！

路在脚下

大家早上好：

今天讲《路在脚下》。

路在脚下是距离，路在心中是追求，人生因为有追求、有目标就会显得美好。但是有追求就会有坎坷，就会有烦恼和痛苦，人生有希望，当然也就会有失望。风有风的方向，云有云的心情，不要奢望别人能够懂你，也不要祈求事事都能如意。在生命中，在人生道路上，豁达一点，执着一点，我们就会走得更宽广，人生就会更美好。

如果我们把脚下的那些坎坷、那些挫折，都当成铺垫生命高度的基石，我们的日子就会美好起来，未来的希望就会清晰起来。路在脚下，但是路也在心中。比起脚下的路，更难走的是心路。如果我们能早一点明白路在心中，把自己的心路走好，那么我们就会走得更加坚实，我们也会变得更加坚强，我们还会走得更加从容。

曾经有一个人，他遭遇了车祸，身体不幸残疾，这样的重创让他陷入了人生的孤寂。但是他没有放弃，他说，除了我自己，没有人能够让我真正重新站起来，我要重新去寻找新的生命的意义。他用实际行动来证明自己，不断地去学习，不断地去思考，终于开创了生命的另一番天地。所以说，在人生道路上遇到挫折，遇到困难，遇到灾难的时候，如果有路在心中，那么自己会变得更加强大，也会变得更加丰富，更加美好。

路在脚下，我们不要盲目地去行路。一定要明白，我们要走好的是自己的心路。有人说，宁可孤独，也不违心地将就。能入我心者，我以诚待之；不入我心者，不屑以敷衍。人这一辈子虽然不长，但是我们要走好自己的路，特别是心路，我们要有一颗平淡的心，既来之则安之，不强求也不妄想。该是自己的，我们就坦然得之；不是自己的，我们淡然处之。我们要控制好自己的心，走好自己的路，要不断努力学习，不断努力工作，不断奉献社会。

人生道路上，若能多一点执着，多一点淡泊，那么就会多一点阳光明媚。一个人只有调整好自己的心态，他的脚步才能够坦坦荡荡，他不会卑微地看待自己，也不会沉迷于失意，更不会担心未来，他不计较得失，不计较成本，因为他在踏踏实实走自己的路。

他从来不会在各种诱惑前迷失，因为他知道自己该做什么，该走什么样的路。人生道路上有高人指点，有贵人相助，固然幸福，也固然幸运，但是更重要的是每天安心地、踏踏实实地走自己的路。

思路决定出路，高度决定视野，走自己的路就意味着要不断去学习。如果没有知识，我们怎么去走好人生的路呢？应该工作的时候，我们就要努力刻苦地去工作，没有工作，我们怎么能够生存下去呢？在人生道路上，我们要去拼搏，要去不断地进取，走出家门就是走向自己人生的路，我们要尽早明白，自己的路，只有自己来走，否则就会被时代淘汰。

人生道路变幻无常，有时我们身处顺境，有时也许身处逆境，我们要学会转逆境为顺境。压抑的时候，换个环境呼吸；困惑的时候，换个角度去思考；走不通路的时候，也许往边上一跳，就能跳上金光大道。不要去抱怨，也不要去解释，我们要用自己的智慧来指引我们自己脚下的路，用我们的心路来指导我们的人生之路。

书山有路勤为径，学海无涯苦作舟。每一次行动都是在书写自己的历史。路是脚一步步踩出来的，历史是人一笔笔写出来的，其实世上本没有路，走的人多了也就变成了路。我们要克服自身的不良习惯，摒弃不良的习性，否则的话，负面的东西会影响我们走向成功。这个世界只会给那些有目标有远见的人让路。虽然人生的道路艰难，并且常常会有岔路，但是只要我们目标明确，意志坚定，我们就一定能走好自己的人生路。

人生道路上，有时候好走的不见得是大路，也有可能是小路。在现实当中，有时候便捷的路，不一定是直路，也许是一条弯弯曲曲的路。不要害怕人生道路漫长，只要你坚定地走下去，目标明确，那么成功就在脚下。路遥知马力，日久见人心。有些事只能一个人去做，有些人生的关口只能一个人去闯过，有些路只能自己一个人孤独地去走。在人生道路上，不要去抱怨，不如用抱怨的时间去学习，不如把怨恨的时光用来努力工作，只有这样，我们的人生道路才会非常明媚灿烂。

一个人心大了，世界大了，思路开阔了，心结打开了，脚下的步伐就会变得轻松了。如果一个人的心十分狭小，总是门缝里看人，看谁都不顺眼，爱计较，且总是用金钱去衡量，那么最后他脚下的路就会变得疲惫不堪，充满烦恼，充满纠结，所以说我们要走好自己的心路，不要让自己的脚步沉重，更不能让自己迷失人生的方向。我们一定要提升自己的道德修养，心里想着为社会，为人民多做贡献。只有这样，你的人生道路才会灿烂。

谢谢大家！

修炼心性

大家早上好：

今天讲《修炼心性》。

稻盛和夫说，人生不是一场物质的盛宴，而是一场精神的修炼。王阳明先生倡导，越是磨难处，越是修心时。稻盛和夫还说，人生的道路都是用心来描绘的，无论自己处于多么严酷的境遇之中，心头都不应该被悲观的思想所缠扰。王阳明先生又说，心光明则一切光明，一切始于心终于心。

稻盛和夫将一生的智慧总结为“心智”。他认为，修炼心性应该从这几方面着手。第一，就是要有利他心。做人做事，不要有私心。他从小就知道有私心的人是成不了大事的。第二，必须要有感恩心，感恩惜福是做人的根本，缺乏感恩心的人和不知报恩的人是没有办法成长的，越感恩越富有。一个人越是斤斤计较，越是过河拆桥，就越等于自绝前程。第三，必须要有谦虚心，上善若水，人越谦卑，越是胸怀开阔，越能够成为江河，成为海洋。第四，要有积极心，人一定要有光明的心，积极的心，凡事从积极角度出发，精神饱满地去接受各种挑战。一个人如果经常被负面情绪所支配，那么他的精神状态就可能处于负数水平，而最终他的人生也会变成负数，遇到困难，遇到矛盾，遇到烦恼时，他还可能落荒而逃。第五，就是要有坚韧不拔之心，要执着坚定地去努力。

修炼心性，就是与自己和解，与别人和解，与生活和解，与工作和解，与这个世界和解。现代社会，发展日新月异，我们每天都会遇到不同的问题，多且杂乱，生活节奏快，这是人心浮躁的根源。过去，一辈子就够好好爱一个人；过去，即使快马加鞭，也需要几个月才能够收到一封信。但是现在，我们只要动一动手指头，一个微信就可以把爱意传递。即便如此，许多人还是不快乐，还是纠结，爱得很快，散得也很快，为爱、为金钱、为各种各样的事烦恼。

在追求名利、权势的道路上，很多人为了追求而追求，追求不到就心生烦恼痛苦，追求到了却毫不珍惜。可以说，我们遇到的各种各样的问题，主要的原因就在于我们的心出现了问题。我们经常向外去求物质，却发现欲壑难填。在痛苦、烦恼、焦虑的时候，我们应该想到这是心出了问题，我们要内修，要修炼心性。

一个人的成功离不开认知、机遇、行动三个要素，鬼谷子就把这三点看得很重。如果说一个人认知出了问题，机遇未到，自己又不去行动，那么他怎么可能成功呢？很多人只是痛苦烦恼，一味地向外去求，但是自己的认知不够，人品有问题，又怎么可能有高人指点贵人相助呢？自己行动迟缓，磨磨叽叽，黏黏糊糊，从来没想到行胜于言，有计划、有想法但是不去行动，人生怎么可能成功呢？

有人说，自律能力差的人肯定很难成功，其实自律能力体现的就是你的心，如果你的心不改变，那么负面的因素就会变成你人生道路上的绊脚石。外面再变化，如果你的内心是光明的，是安定的，那么所有的烦恼，所有的痛苦，所有的纠结都会被你内心的力量所驱除。所以我们最重要的是修炼自己的心，让心变得光明起来，把心灵中的尘埃都扫掉，这样的人生才有希望。

人的一生，有走不完的坎坷道路，有经历不完的无奈辛酸。如果忘不了昨天，放不下过去的包袱，忙不完今天，又有想不完的明天，那么你的烦恼，你的苦难何时有尽头呢？修炼心性是人生的大智慧，它可以用来灌浇自己的心灵，让自己活得轻松，活得快乐，活得幸福。

修炼心性，就是要欣赏别人的优点，包容别人的缺点。对于别人的锋芒，谦让一点；对于别人的差异，接纳一点；对于别人的伤心烦恼，试着去安慰，大家有快乐，就彼此分享一点。如果多去感恩别人，那么我们生活的环境、工作的环境就会和谐起来，大家相处也会舒服起来，这就是修炼心性的好处。因为它能够照亮你人生的道路，让你的心慢慢光明起来。心态积极起来，你的生命就会灿烂起来。

修炼心性能够让你德全而不危。德全，概括起来就是性善、人礼、智足、仁让。一个人如果谦和礼让、敬人持己，就能够避免忧患，避免灾难，人生到处充满着快乐和幸福，这是根本的心路。

修炼心性还能够排除负面情绪。有人说，一颗阴暗的心永远托不起一张灿烂的脸。如果一个人总是背负着负面情绪的包袱，那么他的人生道路是走不远的，这样的人容易生活在痛苦当中。我们每天要把那些低落的、绝望的、看不起别人或者看不惯别人好的各种各样的负面情绪清扫掉，让自己越活越年轻，越活越精神，越活越灿烂。

人生在世无非就是事、人、心。佛说，人生有八苦，生、老、病、死、爱别离、怨长久、求不得、五阴生。我们修炼心性，就是对于无能为力的事要当断则断，对于生命当中无缘的人要当舍则舍，对于心中的贪念和执着要当离则离，我们要把这些修炼当成每天最重要的功课，只有当修炼成为跟吃饭睡觉一样重要的事情时，我们的人生道路才会光明。

谢谢大家！

认识你自己

大家早上好：

今天讲《认识你自己》。

世界上什么事情最困难？认识自己。在希腊德尔菲阿波罗神庙，刻有一句话叫“认识你自己”，意思是说人要有自知之明，人并非诸神。尼采在《道德的谱系》中说，我们永恒的判词是，离每个人最远的就是他自己。很多人有足够的水平去认识别人，批评别人，但是对于自我的认识、对自我的批评以及自我的修养却很不足，甚至对之毫无意识。

知人者智，自知者明。说的就是自我认知的重要性和必要性，我们需要了解自己的内心，了解自己的心理需求。学会认识自己，才能更好地看待这个世界，人只有认识自己，学会与自己和解，才能变得更加强大。很多人的失败就是因为没有正确认识自己，不知道自己有几斤几两，不知道自己应该做什么样的企业，不知道自己应该做什么样的产品，不知道人生道路应该怎么走，所以在关键时候甚至在一个微小的挫折前面，他就失败了，这是非常遗憾的。

有一个著名的企业家曾跟我谈起他成功的经历，他在刚创业的时候，得到一个高人的指点，这位高人告诉他，必须要正确地认识自己，明白自己能做什么，不能做什么，当你无法完成什么的时候，你必须要请那些比你能力强的人，请那些擅长做事的员工来做这些事情，不要执着地去做你自己不能做的事情。这位企业家说，在以后的几十年，他牢记那个高人的话，守住自己的心，牢牢铭记“认识你自己”这句箴言，学会专注于自己的内心，认识自己的优点和缺点。

只有听取了“认识你自己”这个忠告，才会在工作当中不断去调整自己的心态，才会充分听取别人的意见，才会海纳百川，有容乃大，对于复杂的社会，对于复杂的经济环境，对于工作中的困难和挫折，才会有一个更好的心态，才能更智慧地去处理。所以认识你自己，是生命当中的指路明灯，也是创业道路、前进道路上的指路明灯，因为这是内心筑起的一座精神的高台，它能引导人走到正确的道路上去，不至于迷失方向，不至于懈怠自己。

认识你自己，才能与别人和解，与这个世界和解，更重要的是与自己和解，只有和解了，我们才会让别人感觉到舒服，在工作当中才会游刃有余，我们才能够心平气和地去解决各种各样的矛盾，去克服各种各样的困难，所以说，认识你自己是人生道路上的真正良药，只有解决好认识你自己这一问题，才会用温柔的心态去抚平自己的内心，让心达到平衡平静的状态，只有等到内心平静以后，才会看到痛苦烦恼的根源，从而找到解决问题的最好办法。

为什么很多人的人生会遭遇惨败？因为他不会认识自己，他那长在自己身上的眼睛都是用来看别人的缺点的，因而看到的都是烦恼和痛苦，是无奈的挣扎。认识自己，就要避免很多认知上的错误，不让自己迷失方向，我们要经常清醒地认识自我，审视自我，改变自己的缺点、改进自己的不足，只有这样，我们才能够在人生的道路上避免许多错误，避开很多挫折。

项羽为什么惨败？因为他自我膨胀，夜郎自大，容不了别人。刘邦为什么成功？就在于他能够正确地认识自己，他意识到自己许多地方不如别人，所以他才会谦虚地去聘请韩信等高人，建立伟大的事业。企业家也是如此，最重要的是认识自己，克服自己的认知缺陷，请那些高人、能人来经营企业。认知比购买技术、购买材料、融入资金更加重要。

认识你自己，就是要正确认识自我、超我、本我。面对人生道路上各种各样的挫折、打击，甚至自己犯的各种各样的错误，不要去叹息，不要把时光浪费在悲观失望、叹息、苦恼、抱怨和彷徨之中，通过认识自己，我们就能找到这些问题的根源，积极调整心态，重新振作起来，重新开始，只有这样，我们才能够找到自己准确的定位，才会在人生的道路上越走越好。

我们只有正确地认识自己，才不会迷失方向，才不会迷失自己。智慧的人能正确认识自己，什么都不会失去。在现代社会生活中，我们每个人都在为生活四处奔波，为生活的琐事而烦恼，很多时候觉得自己像个机器人，每天从早到晚都没有真正问自己的内心，到底该做一个什么样的人。当真正明白了认识自己的含义以后，我们就会把浮躁的心安抚下来，让自己活得充实，让自己活得踏实。

人只有正确地认识自己，才能够看清自己的长处，认识到自己的短处，才会扬长避短，去发挥自己的长处，只有这样，人才能够最大限度地提升自己，才会生活充实，才会工作顺利。人只有正确地认识自己，才会让自己对生活充满信心，才会让自己在人生道路上不再迷失方向，才能让自己朝着正确的目标努力去奋斗，无论是巨大的成功还是微小的收获，都坦然接受。我们只有正确认识自己，才能像登山一样走好人生路，一步一个脚印，看到一路的风景。

充分认识自己，我们的命运自然就会好转，因为人的命运是自己掌握的。人生是欢乐满天，还是忧愁连天，都取决于一个人的心态好坏。如果我们以一颗平常心看待人生的得与失，就能享受充实而幸福的人生；如果我们能够达到心平气和的人生境界，那么完全可以自得其乐。哲人告诉我们，人生最重要的是要有一个好心情，我们不要把不悦记在心里，把痛苦放在心头，我们要多笑一笑，多乐一乐，因为金钱、物质、恩怨，早晚有一天会随着时光流逝，只有心情会伴随我们一生。

只有正确认识自己，我们才能保持一种良好的心态，不烦不躁，从容、快乐、幸福地生活，我们才会明白事能知足心常乐，人到无求品自高，我们才不会自生烦恼想入非非，更不会随心所欲经常抱怨，相反我们会灿烂地活出自己。

谢谢大家！

走正确的路

大家早上好：

今天讲《走正确的路》。

我们每天都要问自己，走的路是否正确？许多人每天在学习，但是学习的方法对不对？许多人每天在勤奋地工作，但是这种表面上很刻苦，实质上低质低效的努力是否能够很好地解决问题？在大学期间，我就经常想，为什么有的学生可以事半功倍，而有的学生再勤奋，他的期末成绩都不理想。

很多人都是为了工作而工作，把时间都消耗在细小的问题上，把时间都浪费在恶劣的情绪上，每天从早到晚都忙碌，但是一年下来进行自我盘点时，却感觉到没有忙出什么名堂来。这时候就应该检查自己，我们走的路是否正确，我们走路的方式是不是正确。人生也一样，我们一定要找到事半功倍的人生方式。

很多人一生碌碌无为，并不成功，其中一个很重要的原因就是他没有找到适合自己的路。心理学上有一个词叫“瓦拉赫效应”，它讲的是诺贝尔化学奖获得者瓦拉赫在父母的期望下，原本想从事文学行业，但经过一段时间的学习之后毫无起色。老师对他的评语是很用功，但太拘泥，不可能在文学创作上有所突破。后来，他又改学油画，可他不善于构图，又不会调色，对绘画的理解力很差，学科成绩倒数第一，学校对他的评语也非常不好。当老师和家长都认为他成才无望的时候，只有化学老师认为他做事认真，一丝不苟，并鼓励他学化学。后来瓦拉赫选择了化学专业，对化学产生了强烈的兴趣，不断去探索，不断去研究，最后成为了世界著名的化学家。他的成功告诉我们一个道理，每个人各方面的智能是不平衡的，可能很多人花了大半生时间都在寻找自己最应该做什么最适合做什么，有些人没有找到，但有些人却在历经百转千回后终于找到了适合自己的路。

工作也是一样，有些人感觉工作很痛苦很烦恼，但如果下定决心离开原来的工作路子，换一个工作，换一个环境，可能会得心应手，干出名堂。这让我想到王国维说的人生的三种境界：第一种境界是“昨夜西风凋碧树，独上高楼，望尽天涯路”。在我看来，这就是人生的探索过程，我们要探索到一条适合自己的路。第二种境界是“衣带渐宽终不悔，为伊消得人憔悴”，在探索以后就要去追求，就要去努力，就要去奋斗。第三种境界是“众里寻他千百度，蓦然回首，那人却在灯火阑珊处”，经过奋斗，经过努力，突然之间获得了成功的喜悦。人生成功与否，有外因也有内因，但更重要的是从内因去探索，努力找到适合自己的路，这是人生成功路上最关键的一步。如果找不到适合自己的路，不了解自己，不认清自己，也不了解不同的行业，那我们又怎么会成功呢？我们又怎么会有灿烂的今天和明天呢？

我们要把时间掌握好，不仅要学会找到正确的路，还要把时间用在正确的路上。有人说，我们要改变人生的三种时间：一种是暗时间，一种是正念时间，还有一种是黑洞时间。世界上最公平的资源是时间，一天86400秒都实实在在掌握在每个人手里，能取得什么样的成就，就看你把时间用在什么地方。如果你的时间都用在正确的人生道路上，那么你的人生就会走向成功，就会走向辉煌。

什么是暗时间？这是《暗时间》作者刘未鹏在书中提出的一种时间衡量方式与运用法则，它说的是一些善用时间的人，不仅会用整块时间来工作学习和思考，还会在平时用大多数人不太留意的“边角料”时间进行思考。衡量一个人活了多久，应该要看他调动了多少思维时间。暗时间虽然不起眼，但是日积月累利用好它以后，它产生的效用就很强大。在工作和生活中，如果少了思考这一个环节，就会像少了消化的进食，把食物吃进去以后，却没有转化成对你有用的养分。

正念时间让我们的头脑安静下来，回到当下，并最终将我们带到身心合一的境界。正心正念会令人拥有愉悦、快乐、幸福的身心，所以我们一定要重视正念时间。

黑洞时间是一个来源于物理学的概念，所谓黑洞就是指引力非常大的天体，它会扭曲时空。曾有部叫《星际穿越》的科幻电影，其中的男主人公进入了黑洞，他从黑洞中出来后，曾经年幼的女儿却已经变成了老妇人。我们可以再举个例子，有个人曾为了学习书法关注了一个书法教学的视频号，可是每次当他想进去练字的时候，都会被另外一些乱七八糟的内容所吸引，并且一刷视频就花老半天。耗费了大量的时间精力之后，才醒悟自己原来是要去学习书法，但是时间已经过去。

工作也好，生活也好，我们很多人都在黑洞时间里无法自拔。明明想安下心来读本书，想安安静静地做点事情，但是只要拿出手机就会不停地刷消息发微信，最后一点宝贵的时间就这么刷没了，每每回想起来，心里都无限懊悔，恨不能一开始就把手机扔得远远的，但是到了第二天还是如此。我们一定要正确对待黑洞时间，把时间用在正确的路上。

人生就是一个寻找正确道路的过程，一旦找到了正确的道路，我们就要不断去努力，不断向前，不要回头，不要留恋过去的脚步。人生道路上可以没有诗情画意，但是不可以没有辛勤汗水，不可以没有努力的脚步。我们必须明白，只有自己持之以恒地努力，朝着正确的目标去不断地奋进，人生才会开出灿烂的花朵。

走正确的路，跟正确的人。俗话说，跟着苍蝇找厕所，跟着蜜蜂找花朵，跟着高人能够做大事，跟着乞丐只会去要饭。有人说人生三大幸运，是上学的时候遇到一个好老师，工作的时候遇到一个好师傅，成家的时候遇到一个好伴侣。人生中最不幸的是身边缺乏积极进取的人，缺乏有远见卓识的人，长此以往，自己的人生也会变得平平庸庸黯然无光，所以我们一定要明白，跟谁在一起走路也是非常重要的。

走对的路，找到对的人，做对的事，你的人生肯定灿烂，反之，你的人生肯定惨败。一旦找到正确的路，哪怕前方再坎坷再有挫折，只要坚持下去，总会成功的。如果在坎坷的道路上遇到对的人，他给你鼓励，给你信心，激励你，让你坦然去面对这些困难，你就更容易事半功倍，取得辉煌的成功。

人生最重要的是找到正确的路，找到正确的路以后就不要着急。人生不是一帆风顺的，遇到困难的时候，遇到挫折的时候，我们首先要检查自己所走的是不是正确的路，如果是，那就勇往直前，要激励自己拥有战胜困境的勇气和智慧。走正确的路，并坚持不懈为之努力，我们终会迎来成功。

谢谢大家！

人与人的差距

大家早上好：

今天讲《人与人的差距》。

有人说，人与人的差距，表面上看是财富的差距，实际上是福报的差距；表面上看是人脉的差距，实际上是人品的差距；表面上看是气质的差距，实际上是涵养的差距；表面上看是容貌的差距，实际上是心地的差异。表面上看，人与人都差不多，但是内心的境界却大不一样。可以说，心态决定一个人的命运。

我们在生活中、在工作中会遇到各种各样的人，有些人非常阳光，让你感觉很舒服，有些人非常阴暗，非常消极，遇到事情总是去指责别人，怪罪别人不好，遇到利益的时候往前冲，遇到困难、遇到麻烦的时候往后缩。人与人之间的这些差距，值得我们每一个人深思。人与人之间差别很大，有些人每天都在聊八卦，每天都在微信里传播负能量的内容。而有些人则耐得住寂寞，潜心做事，整个人就像一束光一样，散发满满的正能量。

我观察过，在大学里面有一些自律能力强且学习力强的学生，这些人在别人游玩的时候学习，在别人无所事事的时候，他仍在学习。几十年过后，我发现这个人还是那样的优秀，并且在工作岗位、社会上取得了卓越的成就。而那些曾在学校里混日子的人，没有学习力且不能自律的人，到了社会上依然一事无成。人与人的差距在哪里？其实差距从小就有了，从学习到工作再到生活，他们的差距在一步步拉开。

人与人的差距为什么那么大？有的人不但自身事业有成，还为国家做出了巨大贡献，把自己的才华奉献给了社会。而有的人却一辈子浑浑噩噩，没有获得任何的成就，也没有为家庭带来任何的收益，更不用说为国家做出贡献。我们认真地来探讨这个问题，发现这里面有很多的原因，比如说有人从小就有理想、有梦想、有思想，目标明确，而有的人则是无方向、无目标、无志向，随波逐流，我认为这就是人与人之间拉开差距的最重要的原因。

在大学时，我有个同学，他上课认真听讲，下课认真整理笔记，从来不去参加毫无意义的活动，也从来不为乱七八糟的琐事分心，一心一意，刻苦努力学习。大学毕业以后，他去了一家著名的公司，到现在为止，事业有成，为社会做出了很多贡献，他也成为了一个著名的经济学家。我曾在一次晚自修时遇到他，当时正有几个人要拉他出去逛街，他坚决推辞，为此还得罪了同学。

人生有了理想、志向以后还不够，还需要积极努力地去开创、去奋斗。有位著名企业家，他之所以能够取得成功，是因为他不怕失败勇往直前，对生命充满热情，勇于探索。有些人“逆商”较低，遇到失败或者打击，立马就趴在地上，再也爬不起来。而有些人则越挫越勇，遇到困难挫折，也不胆怯，有决心面对失败，不害怕失败。

人与人的差距，还在于是否自律。一个人越自律，就越能够取得成功。而一个自律能力很差的人，其人生基本是失败的。所谓自律能力，就是为自己设定目标、设定方向，坚定不移地排除各种干扰、诱惑和欲望，坚定不移地前进的一种能力。只有培养这种能力，才能让自己离成功的目标越来越近，才能够最终摘取成功的桂冠。

人与人的差距，还在于对事情的专注力不同。有些人在做事上只有三分钟热度，坐不住冷板凳，今天感到这个目标好就干这个，明天感觉另外的目标好，就又去干那个，最后一生一事无成。爱因斯坦因为专注创立了相对论，乔布斯因为专注创造了苹果智能世界，爱迪生因为专注给我们带来了电灯，带来了光明。

人与人的差距还在于学习能力和进取能力的不同。学习能力分为两种，一种是内在的学习能力，包括自我反省能力，还有一种是阅读能力，就是我们通过读书，了解各种各样信息，了解外部世界的思想、创意和经历的能力。我们通过不断的自我反省，让自己领悟，让自己开悟，使自己的认知能力得到提高，同时提高自己的分析和判断能力。

很多人从小立下了大志，想成为成功人士，但是到头来却没有产出一点价值；很多人想长寿，想健康，最后三十来岁就早早去世；很多人想去创造价值，但最终却被世界所抛弃。这是为什么呢？原因就在于人与人的差距，在价值上的差距，在健康上的差距，在生活道路上的差距，在工作职场上的差距，人的差距无处不在。

有人问一位知名企业家，你为什么会成功？他反问，当你穷的时候，你有没有野心，有没有理想？你有没有使命、愿景、价值观？他说，态度比能力更重要，你选择什么样的态度，就会决定你的人生方向是什么。有人又问这位企业家，你为什么能成功？他问，当你选择了人生目标以后，你是不是去努力了？遇到困难挫折时你是不是用积极心态去不断地进取？

我们是否应该检视一下自己？乔布斯年轻时，每天凌晨四点多起床，九点前就把一天的工作做完。回看自己，我们的工作状态如何？著名的大佬在每天清晨五点多闹钟响了时即起床，然后阅读新闻、运动、开始工作，数十年如一日，取得卓越成就，我们是否想过自己与他的差距？NBA（美国职业篮球联赛）球星纳什严格控制饮食，餐食只吃麦片粥、杏仁切片、生坚果等，当我们在胡吃海喝的时候，有没有想过自己和他的差距？当看到一些人到处去忽悠别人、人品极差，而有的人言出必行、敬畏诚信、始终把好人品作为人生道路上的金色护照的时候，你是否想过其中的差距？其实人与人的差距就是这么产生的。有没有理想、有没有奋斗、有没有好的人品、有没有自律能力、有没有敬畏心、有没有积极向上的“三观”、今天有没有比昨天过得更好，这些都在产生差距。所以我们不要去羡慕别人，而是首先要审视自己，解决自我认知问题，缩小与成功人士的差距。

英国伟大的发明家乔治·史蒂芬逊出身贫寒，也没有受过良好的教育，但是他有理想，坚持业余学习，完全忽略了生活中的不顺。他在煤矿工作的时候，依靠自学成为了矿上的技师，在其后的人生道路上，他也从不抱怨，只是不断地去学习，不断地去探索，不断地为社会创造价值，最终他获得了人们的钦赞和认可。

我在工作中发现，优秀的员工都是早早到单位，默默地把工作做好了，对于领导布置的事情，从来不会推诿。而有些员工，遇到领导布置的工作任务，只要不是自己职责内的，就断然拒绝，或者虽然接受了却表现得很委屈很勉强，私下里抱怨不是自己的活。时间一长，这样的员工就会慢慢被单位淘汰。但是他们却很少想过：自己与他人的差距在哪里？为什么自己不能成功？为什么一辈子都在原地踏步？

有一句话这样说，鸡蛋从外打破，是食物；从内打破，是生命。人生也一样，从外打破，是压力；从内打破，是成长。人与人的差距关键在于内心的决心，也就是我们常说的内生动力。我们要意识到，健康是由自己决定的，每天胡吃海喝，没有一个好心态，没有自律的运动，没有良好的饮食，怎么可能健康长寿呢？在工作中推三阻四，经常要小聪明，没有脚踏实地的工作心态，没有扎实的技能，怎么可能在职场上取得成功呢？归根结底，人与人的差距就在于你的思想、你的格局、你的坚持、你的自律等方面。

谢谢大家！

不抱怨的人生

大家早上好：

今天讲《不抱怨的人生》。

曾经读过一本叫《不抱怨的世界》的书，这本书分为四个部分：无意识的无能，有意识的无能，有意识的有能和无意识的有能。它谈的就是如何做到不抱怨的四个阶段。

这本书里有两个小故事让人震撼。第一个小故事讲的是一个卡车司机撞死了作者的狗，然后司机逃逸了。作者拼命去追，他想等追上这个司机以后就把他打死。最终他没有追上司机，但他的愤怒消失了。冷静下来后，他忽然明白，卡车司机虽然撞死了狗，但他的内心也可能非常难受。第二个小故事讲的是一位因车祸而截肢的太太，经历了千难万苦，经历了不停的开刀与康复，经历了身体和精神上各种痛苦的挑战。但是她没有怨天怨地，更没有抱怨命运的不公，相反她每天都去感恩，去感谢救助她的医生、护士，还有每天精心照顾她的丈夫，同时感恩自我能够浴火重生。从这两个案例中我们可以知道，不抱怨是最大的智慧。

抱怨的人会失去快乐、失去幸福，但反过来，如果我们以感恩的心去感谢生活，也许我们就会从痛苦当中走出来，会从烦恼中解脱出来。其实在生活中我们经常能看到，有些人因为一点小事就拼命抱怨，这只会让本来糟糕的心情变得更加糟糕。如何停止抱怨，其实是一个关乎智慧的人生问题。

快乐和幸福是人生最宝贵的财富，在生活和工作中，我们要少抱怨，多理解，多宽容，只有这样，快乐的精灵才会随时围绕我们，让我们幸福平安。有人说，人要诚实面对情绪，安于自己的不安，发现自己的不足后不惊慌失措，问题既然已经产生了，就应该诚实勇敢地面对它，就应该想办法去接受它，只有这样，我们才能最终安于自己的不安。我们要努力找出自己的不足，勇于改变爱抱怨的坏习惯。

我曾听过两个关于“抱怨”的故事。有一个人买了一套新房子后，就请了装修工去装修，他每天到工地督工，看什么都不顺眼，且总以抱怨的口气去指责工人和包工头。装修的时间是夏天，当时天气非常闷热，大家心情又不好，他越抱怨，双方矛盾就越大，工人心里也慢慢积累起怨恨。直到有一天，他们为了一点小事争吵起来，越吵越激烈，最后甚至动起手来。当时，工人正在用电钻打一个东西，忙乱之中，工人拿起电钻，主人被误伤致死。这是一个因为抱怨引起伤害的故事，甚至还酿成了人生悲剧。另外一个故事，主人公就是他的邻居，也是新房子装修，他也见到了不是那么令人满意的地方，但这个主人非常智慧，总是客客气气地跟工人讲应该怎么改进，怎么完善，双方情绪都很稳定，问题也都得到了圆满的解决。

遇到不高兴的事情，遇到不让人满意的事情时，如果自己能心平气和，换个方式与人客客气气交流，也许效果更好，可能你还会得到更多的惊喜。但如果你总是以坏的心情、抱怨的态度把心中的垃圾扔给对方，那么可能会让事情越来越糟糕，甚至走向灾难。所以我们一定要停止抱怨，每天清扫掉抱怨的坏情绪，因为这也是人生道路上的大敌，千万不要小看抱怨导致的后果。

在单位里面，我们常看到有两种员工，一种是心态积极，默默无闻地去工作，勤勤恳恳地尽职尽责。而另外一种员工，虽然自己有了一份安逸的工作，拿着比常人多的收入，但是从早到晚不是抱怨公司的制度，就是抱怨公司里的人。他的口中，除了抱怨还是抱怨。无聊的时候抱怨，工作的时候还是抱怨，这会让人敬而远之。

如果我们改变一下心态，少一些抱怨，你可能会得到更多，你的心情灿烂了，你的同事关系改善了，你的工作条件也改善了。虽然周边的一切都没有改变，但是你的心改变了，你微笑了，那么你就会感觉到工作环境变得美好了，工作效率也提高了，人也变得越来越阳光了，与别人的关系也越来越融洽了。我们一定要意识到并且努力改变抱怨这个坏习惯。

悲观者总是抱怨命运的不公，在消极颓废当中迷失自我，而乐观的人从来不妄自菲薄，无论是顺境还是逆境，他们都能坦然处之，任劳任怨，踏踏实实去工作，安安静静去生活。其实人生在世，不如意之事十之八九，各种各样的困难，各种各样的麻烦会经常出现。如果自己的情绪终日陷于抱怨的低谷，心绪被怨声所缠绕，那又怎么会有工作和生活的好心情呢？我们的情绪不应该被外物左右，不应该因外界的赞赏而忘乎所以，也不因别人的责难而消极低沉。

不抱怨才会获得快乐，不抱怨才能够正确地检视自己，不抱怨才能够看清自己脚下的道路，不抱怨才会有最好的成就。在我们的人生道路上，很多人就是因为被抱怨的坏情绪所左右，最后把好好的人生给毁掉了。虽然抱怨只是小脾气小情绪，但是时间长了，抱怨的晦气就会把人淹没，我们一定要消除抱怨的晦气。

当你不喜欢一件事时，就试着去改变那件事。如果无法改变那件事，那么就改变自己的态度，千万不要去抱怨。我们每个人都可能面临挫折和失败，这是我们人生经历的一部分。对于这一切，我们千万不要以抱怨的消极心态去对待。人生没有绝对的公平，我们要勇于接受命运的一切安排。我们一定要记住，永远不要去抱怨，当怨言从别人嘴里吐出来的时候，我们会感觉到厌恶，同样，当自己口中吐出怨言的时候，别人也会厌恶，我们一定要认清这一点。

遇到困难、挫折、烦恼，要从容应对，不要抱怨，也不要放弃，不批评、不责备、不抱怨，这样积极的人生态度，会让你的世界变得更加美好。

谢谢大家！

自信自强

大家早上好：

今天讲《自信自强》。

罗曼·罗兰说：先相信自己，然后别人才会相信你。我们就是自己命运的主人，一个人只有对自己有信心，才能够在工作和生活中找到乐趣。自信自强是人生的柱石。如果人生道路上没有自信自强的信念支撑，就很难干成大事，很难度过艰难的岁月，也很难走出挫折的泥潭。

在工作环境中，在人生道路上，如果没有人相信你，那么就自己相信自己；如果没有人欣赏你，那么就自己欣赏自己；如果没有人祝福你，那么就自己祝福自己。用自信去触摸属于自己的阳光，用自强去创造属于自己的时光，当自己读懂了自己，世界才能够读懂你。我们不要去理会别人傲慢的眼光，当命运递给我们一个苦涩的橙子时，我们要想办法把它做成一杯甜果汁。

伟大的企业家，伟大的人物，他们身上最明显的标志就是自信自强。有了自信自强，就绝不会在遇到危险和灾难时背过身试图逃跑，更不会恐惧，我们只有加倍去努力，毫不退缩，才会减少灾难的危险，灾难的伤害。有了自信自强，我们就没有克服不了的困难，就没有渡不过去的江河。世界属于自信自强的人，如果一个人不自信自强，浑浑噩噩，那么他在这个世上是无法生存的。

关于自信自强的故事有很多，我在这里想到了日本指挥家小泽征尔。在世界著名的交响乐指挥大赛决赛中，他按照评委会给的乐谱进行演奏，但是比赛刚开始他就发现了不和谐的声音，一开始他以为是乐队演奏出了错误，就试图停下来重新演奏，但依然感觉到不对劲。他马上自信地辨别出乐队没有错，而是乐谱有问题。在场的作曲家、评委以及其他权威人士坚持说乐谱没有问题，是他错了。面对这些人，他斩钉截铁地大声说：不！一定是乐谱错了！谁知演奏大厅爆发出一阵热烈的掌声，祝贺他大赛夺魁。原来这是评委会精心设计的圈套，他们以此来检验一位指挥家在发现乐谱错误并遭到权威人士否定的情况下，能否坚持他的自信。由此我们可以看到，正是因为小泽征尔的自信，他摘取了世界指挥家大赛的桂冠。这就是自信自强的作用。

我们经常讲知行合一，这一理念的基础就是自信自强。王阳明说，人须在事上磨炼做功夫乃有益。若只好静，遇事便乱，终无长进。但如果说遇到事情坐不下来，静不下心来，心神不宁，心浮气躁，那根本就修不到自信，更修不到自强。在社会当中，在工作当中，在生活当中，我们要多在事上磨炼，修炼自信的心理素质，努力做到动静皆定。

通过自信自强的修炼，使自己能够在人生遭遇灾难的打击时做到方寸不乱，这是需要大智慧的。能够在利益遭受重大损失，人生遭遇重大变故，在生活中遭受莫名委屈和无端侮辱的时候，不发怒也不发火，冷静处理，这是一种真正的大智慧，也可以说是自信自强修炼到了一定的程度。

人生就像熬粥一样，慢慢地熬，才能熬出最浓的滋味。人生需要实践，需要理论与实践的结合，而不是纸上谈兵的书生意气。如果说，你在实践中没有自信，也没有自强，那么，你根本不可能笑到最后。人生的熬，需要自信自强的智慧，要能在逆境中苦熬挺住，即使陷入危机也能够撑住，遇到险境也能够过关，要熬出功夫，熬出精神，熬出境界。

自信自强是我们人生成功的信念，是我们做工作的底气。只有心怀自信去做事的人才会事半功倍。许多时候，我们还没有开始做事，就变得没有自信，怎么办？我们一定要把自己变得自信，培养自己的学习力，培养自己理论与实践相结合的穿透力，并且在工作当中一定要注意细节，且要敢于直视别人异样的眼光。

有人说，一个人的幸福程度取决于他能够在多大程度上独立于这个世界。有人能帮衬你，这是你的幸运，但别人不会帮你一辈子，谁都不喜欢没有独立承担能力的人。别人有能力有财富，那是别人的，我们必须要靠自己的努力去创造，通过自信自强，让自己变得更有价值。在工作单位，我们经常会遇到两种员工，一种员工对领导布置的任务充满信心。而另外一种员工则畏畏缩缩，见到困难的任务马上就往后退，百般推脱。时间一长，这两种员工的差距就拉开了。前者不断地努力，不断地去克服困难，不断地去越过坎坷，于是不断得到提升。而后者因为不能够承担重任，就没有机会去展示自己，于是慢慢就被淘汰了。所以说，真正决定你人生道路的是你自己，就看你有没有自信自强，去练就智慧的双眼、勇毅的胆魄，去发现、去开创人生道路上的财富。

平庸还是出众，根源就在于自己的选择，根源就在于是否自信自强。如果一个人想舒坦安逸，那么他总有无数个理由说服自己逃避困难。如果一个人想变得更好，那么他肯定要在困难面前充满斗志，要想出各种各样的办法去克服困难。人生只有自己想努力，才会真正去努力，他人的督促只是一时的，树立自己的形象只有靠自己自信自强。

俗话说，一百个人有一百种命运。有些人在一条道路上可以勇往直前，勇敢地走到底，因为他自信自强。有的人今天走这条路，明天又选择走另外一条路，他的人生道路走得曲曲折折，根本原因就是他缺乏自信自强的魂。每个人都有梦想，都渴望成功，都想找到一条成功的捷径，其实人生成功的捷径就在你的身边，那就是自信自强，勤于积累，脚踏实地，积极肯干。

谢谢大家！

与靠谱的人相处

大家早上好：

今天讲《与靠谱的人相处》。

巴菲特说，靠谱是比聪明更重要的品质。与靠谱的人相处，踏实安心；与不靠谱的人交往，是对时间和生命最大的浪费，还会让自己难受纠结。所以在人生道路上，我们要学会识别什么样的人是靠谱的，什么样的人是不靠谱的，然后多与靠谱的人交往，与靠谱的人共事，与靠谱的人共同前进。

在人生道路上，我们经常遇到一些人，他们口若悬河，侃侃而谈，张口就来，到处忽悠别人，甚至坑蒙拐骗。这种随便张口、许诺、忽悠的人，未必是最会表达的，却往往是最不靠谱的。如果一个人不能让人信服，只是在言语上滔滔不绝，却不能言之有物，那怎么可能会有真诚呢？一个人靠谱不靠谱，首先看他的一言一行是不是靠谱，一个人说的话再动人再华丽，要是言之无物，那一样也是不靠谱的。

靠谱的人往往心中有度，讲究分寸。靠谱的人说话谨慎，行动敏捷，言行一致。一个靠谱的人，做事有准，进退有度，为人真诚，注意分寸。很多人为什么不靠谱？他说话不靠谱，做事不讲究分寸，忽高忽低，忽远忽近，不掌握时机。不靠谱的人也会冒犯别人，以自己为主，以利益为主，像这种人，我们一旦遇到了就要远远地躲避，因为不靠谱的人不太可能厚道，一个不靠谱的人，也不可能让自己吃亏，一个不靠谱的人，最后总会让别人受累。

在人生道路上，我们要找到靠谱的人，与他们共事，与他们交朋友。如果你找了一些不靠谱的人，与他们共事，又与他们交往，那么他们有可能随时给你一个措手不及，随时让你陷入人生的灾难之中，靠谱的人一定要找靠谱的同类去做事。大多数所谓的聪明人，我们最多只能与他聊聊天，最多与他保持远距离的相处，但是决不能够靠近。一旦靠近，你就会失去一点安全感，就会给自己带来无穷无尽的麻烦。

一个人靠不靠谱，首先要看他遵不遵守时间。靠谱的人，首先是遵守时间的典范，守时代表了对约定的重视，对时间的珍惜。如果你跟一个人约好上午十点见面，到十一点他还没有露面，到了以后又再三讲各种各样的原因，且如果一连三次都是这样的情况，那我建议你要坚决离开这个人。一个对时间都不珍惜的人，最好不要与他交往，因为这种人其实就是最不靠谱的。遵守时间就是认定一个人靠谱的首要标准，也是对一个人道德的基本要求。

其次，看一个人靠不靠谱，要看他言行是否一致。谦谦君子，虚怀若谷，靠谱的人是靠自己的才能和努力，兢兢业业、脚踏实地取得事业的成功，获得别人的信任的。但是有些人第一次见面侃侃而谈，收获了别人的信任；第二次言过其实，自己的信誉打了一半的折扣。到了第三次，人家发现他满口都是谎言。对于这种不靠谱的人，我们要警惕，那种经常说大话忽悠别人的人，有可能就是一个骗子，一个可能给你的人生带来灾难的大骗子。

再次，衡量一个人靠不靠谱，要看他是否勇于承担责任和义务。对于领导交办的事情他能够爽利地应承，在执行过程当中，做到有始有终，最后取得一个圆满的结果，做起事情来从头到尾让别人放心。像这种有始有终，其开环和闭环都做得很好，事事有结果，件件有报告的人在单位里面就是最靠谱的员工，相反，如果把工作交给一个没有责任心的人，没有契约精神的人，没有自控能力的人，那就可能会发生灾难。

同时，衡量一个人靠不靠谱，还要看他能否信守承诺。一个靠谱的人，必定一诺千金，一旦承诺了，就会去履行他的约定。不管事情有多难，也不管对自己有利还是无利，不管自己有没有时间，方便还是不方便，辛苦还是不辛苦，赚钱还是贴钱，他只要应承了，就会把它当一回事放在心上，一心一意、全力以赴、排除阻力、不打折扣、按时按质按量地去实践他的诺言。遇到这样的人，我们应该倍加珍惜，将其视为宝贝，视为人生的知己，因为这是最靠谱的人。

我曾与一位著名的企业家畅谈企业成功的秘密，这位企业家跟我说，他成功的最大秘密就是身边有一帮靠谱的人一起创业，一起共事，一起奋斗。他说，我身边的人，都具有四种优秀的品质：第一，时间观念非常强；第二，凡事有交代；第三，件件有落实；第四，事事有回音。与这帮靠谱的人在一起，我心里很踏实，很安心，每天充满激情，很少有烦恼。内部的烦恼没有了，外部的问题自然就解决了，这就是这位著名企业家对企业管理的总结。

我们看一个员工，不要只看他表面的东西，比如说他的学历，比如说他的求学背景，比如说他的长相外貌，比如说他的家庭背景，等等。其实这些东西都不重要，一个人最重要的是他的靠谱，这是最可贵的品质。在当前的社会环境下，很多年轻人都处于一种浮躁焦虑的状态。敷衍了事，到处忽悠人，急功近利，向金钱看齐的人不在少数。踏踏实实、勤勤恳恳的人很少，不靠谱的人却越来越多，我们要努力寻找到靠谱的员工，吸纳他们加入我们的队伍。

跟靠谱的人在一起，不管做什么事情，不管处于什么样的环境之中，你都会感觉到很安心。跟靠谱的人一起共事，他们会帮助你成长。从某种程度上来说，靠谱就是做人诚实。我们经常遇到一些人，他们做事不认真不踏实，经常投机取巧，言而无信、弄虚作假，还有一些人做事不稳妥，毛手毛脚考虑不周到，莽撞冒失办事没条理，跟这样的人在一起，每天都会感觉难受纠结。

靠谱的人做事认真踏实，说到做到，他会让大家产生信任感和安全感。但不靠谱的人总是会把事情搞砸，让人很难产生信任感。一个人靠谱与否，其实也是一个人品行的表现，是价值观的彰显，是内心世界的映射。我们要与靠谱的人交往，因为这是事业成功的保证。希望我们有一双慧眼，发现、靠近、吸纳靠谱的人，并与之为邻、为友，让“靠谱”成为成就我们生命和事业的善缘。

谢谢大家！

好好爱自己

大家早上好：

今天讲《好好爱自己》。

在孤独的时候，给自己安慰，在寂寞的时候，给自己温暖，学会自信自强，学会独立。跟软弱的自己说再见，跟烦恼的自己说再见。不要去攀比，给自己多些温柔。人生的道路不会是永远平坦的，你只要对自己有信心，知道自己的价值，懂得珍惜自己，那么虽然世界并不完美，你却仍可以坦然面对，到最后，那些不完美会完美你的心，你的心完美了，那么你的世界也就完美了。

学会好好爱自己，学会欣赏生活的美，欣赏工作的美，欣赏人生道路的美，把生活当成一首优美的诗，开启它的金钥匙就在我们的心里。在童年时代，父母的爱，让我们感觉到生活就是美。在我们懂事以后，我们学会好好爱自己，把自己的学习、工作或者创业历程都写成一首优美的诗，那样我们的人生就会非常甜美。

当我们遇到生活或者工作中所谓的不公平的现象时，我们会抱怨，但后来你会发现，你越是抱怨，就越会感到烦恼焦虑，越容易失去生活的乐趣。在遭受挫折的时候，我们会去诉说一些不公，但后来却发现越诉说就越烦心。其实，如果这时我们转换一下思维方式，好好爱自己，那些负面的情绪就伤害不了自己。好好爱自己就成了化解挫折的最好的良药，它也是消除心灵痛苦最好的良药。

想起一个关于好好爱自己的故事。诺贝尔生理学或医学奖获得者巴雷尼小时候因为疾病成了残疾，他的母亲非常爱他，虽然看到他残疾的样子也很难过，但她想孩子现在最需要的是鼓励和帮助，而不是妈妈的眼泪。她强忍自己的悲痛，拉着孩子的手对孩子说，妈妈相信你是个有志气的人，希望你能用自己的双腿，在人生的道路上勇敢地走下去。妈妈的话像铁锤一样击打着巴雷尼幼小的心灵，从那以后他就立下决心，一定要好好爱自己，为妈妈争光，更为自己争光。于是，体育锻炼和刻苦学习成了巴雷尼好好爱自己的主要手段。他的学习成绩一直在班上名列前茅，最后还以优异的成绩考进了维也纳大学医学院。大学毕业以后，他致力于神经学的研究，最后终于登上了诺贝尔生理学或医学奖的领奖台。好好爱自己，有时候就是要忘掉给你带来痛苦的东西，并用自己的微笑去弥补它。

还有多灾多难的塞万提斯，他的代表作是《堂吉诃德》。塞万提斯出身于没落贵族，家境贫寒，从小就跟着父亲外出奔波谋生，二十二岁的时候左手致残，后来被海盗俘获，又被卖到阿尔及利亚为奴。但是他从来不去抱怨这些灾难，他通过好好爱自己，战胜了困难，取得了卓越的成就，为世人所敬仰。所以我们遇到困难，遇到挫折，遇到麻烦的时候，不应颓废，不应消极，而是要好好爱自己，提升自己的价值。

我们只有好好爱自己，才能更好地爱别人，才能更好地去奉献社会。表演大师卓别林说过，以我的方式过我的生活，我把这叫作幸福。一个不会好好爱自己的人，也是无法去奉献社会的，一个没有自律能力的人，一个消极生活的人，一个经常在工作上懒惰的人，是根本不可能好好爱自己的。好好爱自己的人，首先是非常自律的人，他从来不会去做那些伤害自己或者伤害别人的事情，他总是努力去提升自己的道德修养，提升自己的工作能力，提升自己的生活质量。

全世界只有一个你，就算没有人懂你、欣赏你，你也要好好爱自己，做最真实的自己。我们要看淡一切，要善待一切，不要作践自己，更不要辜负时光，我们要善于与自己相处，与孤独相处，自己好好去学习，自己好好去欣赏。珍惜人生道路上遇到的每一个人、每一件事、每一处风光，让自己的心聪明起来，让自己的心阳光起来，让自己的精气神充足起来，我们只有好好爱自己，生命才会灿烂。

你每天生气，每天纠结，每天去攀比，每天为生活或者工作中的琐事所烦恼，每天顾忌别人的脸色，那怎么可能会有好心情生活和工作呢？生气、纠结、攀比等都是在作践自己，所以我们要改变，要学会好好爱自己。好好爱自己，就是接纳自己，对自己适当宽容。不要过分自责，我们要学会勇敢，不要对工作的环境、生活的环境感到恐惧，我们要耐心呵护好自己，不要对自己的生活马虎，而是起居有度，积极锻炼。我们既要善待自己的灵魂，也要善待自己的身体。要接纳自己的缺点，也不要讨厌自己的缺点。要爱自己的缺点，经常赞美自己，帮助自己，遇到困难，首先要告诉自己，我们一定能够战胜它。我们一定要注重自己的健康，提升自己生命的质量，每天要多照照镜子，用鼓励和微笑的神态看着自己，并对自己说：今天的美好生活又开始了。我们要精神饱满地去上班，给别人一个灿烂的微笑。

好好爱自己，就是对于自己的出身不要抱怨，因为这是无法选择的。好好爱自己，就是要甘于生活的平淡，不要去抱怨，因为随缘是福。不要丢失人生道路上的诚信，因为诚信就是人生道路上的金色护照。对于父母，一定要孝顺，因为百善孝为先；对于人生中的友情，一定要珍惜，它是最可贵的；对于自己的能力，我们要去提升，但千万不要逞能。在人生道路上，命运是可以把握的，我们只要好好爱自己，人生将永远如春天般温暖。

人生不过是一场单程的旅行，旅行当中的风景会变，你身边的人也会变，但唯一不变的就是你自己。如果你不好好爱自己，那么就会没有心情去看风景，风景再美丽也激活不了你的心，你的心越枯萎，就越不会有生活的好心情。我们一定要改变消极的状态，无论何时何地，都要学会好好爱自己，只有懂得爱自己，才能品味到生活幸福的滋味，才能享受到人生的乐趣。好好爱自己，就要放下过去的包袱，就要学会智慧地生活。

谢谢大家！

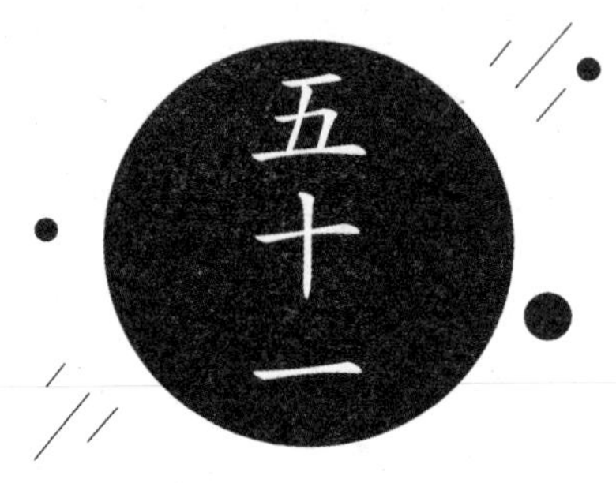

有情有义

大家早上好：

今天讲《有情有义》。

一个有情有义的人，才能结交到重情重义的人。爱人者，人恒爱之；敬人者，人恒敬之。一个人的智商、情商高低不重要，重要的是要活得真实自然，要做到情义两全。如果一个人智商很高，情商也很高，但是做人却无情无义，那么在这个世界上，他的人生道路就会越走越窄。正如古人说的那样，爱出者爱返，福往者福来。

现代社会，许多人喜欢用金钱作为衡量事物的标准，对我有利的，就有情有义相待；对我不利的，那就无情无义相处。其实，人间有情，生命的存在、生活的意义、工作的成就才会让人散发出灿烂的光辉。人间有义，人的存在才有价值。有情有义的人会到处受到欢迎，因为情义能养人气，情义受人尊敬，不讲情义、无情无义之人，忽悠、蒙骗、诈骗别人的人，最终会众叛亲离自食苦果。

人际关系实际上就是相互来往的互动过程，你待人真诚，别人将回报以真诚，你待人以情义，那么必然收获情义。有情有义的人，他在人生道路上就不会孤单，纵然人生路崎岖，江湖人心险恶，但往往会得道多助，化险为夷，绝处逢生。每个人都喜欢跟有情有义的人交朋友，而不愿意跟无情无义的人做邻居。

电影《食神》中说：情与义，值千金，刀山去，地狱去，有何憾。为知心，牺牲有何憾。为娇娃，甘心剖寸心。血泪为情流，一死岂有恨。周星驰和莫文蔚的精彩演绎，曾经令多少人为之动容，观众为这样的有情有义流泪，是对这一段真挚情感的最好注解。

中国古代有一个关于情义的故事，非常动人。宋朝有一位先生，他年轻的时候学问很好，到了谈婚论嫁的年纪，他跟一个女子相了一次亲后，就上京去赶考，后来他考中了进士。回乡的时候，与他相亲的女子眼睛却瞎了。很多人认为，他们俩只相了一次亲，加上这个女子眼睛也瞎了，已经配不上这个年轻的进士了，他们的这门亲事肯定会不了了之。但是这个进士仍然坚持要娶这位女子，因为他认为做人必须有情有义，自己不能抛弃这个女子。

这位进士说，我已经许诺于她，我不能违背我的初心，另外我要对得起自己的良心，已经答应的事就不能反悔。这位有情有义的进士，后来官位越升越高，同时他也为社会做出了巨大贡献。我们也一样，做人必须要有情有义，千万不能以金钱作为唯一的做人标准，在人生道路上做出无情无义的事情，这是会被众人唾弃的。

李白诗云："桃花潭水深千尺，不及汪伦送我情。"高适说："莫愁前路无知己，天下谁人不识君？"王维写道："劝君更尽一杯酒，西出阳关无故人。"不管是中国古代的诗人，还是现代社会的伟人，他们都把有情有义作为为人处事的准则严格践行。人只有做到有情有义，他的品德才会显出高尚，他也才会被人们所钦佩和敬重。

人无信不立，有情有义才会受人爱戴。人活一辈子，人品是最关键的，钱再多，物再多，倘若没有良好的人品，没有有情有义的品格，只做无情无义的事，那么人就会一步步丧失道德底线，到失魂落魄的时候没有人会伸出援手。人生只有做到有情有义，才会得到人们的尊敬。做人要顶天立地，脚踏实地，绝对不能做无情无义的无耻之辈。

一个人如果虚情假意，到最后谁都会离开他；一个人如果待人接物真心实意，那么谁都会向他靠近；一个人若是背信弃义，那么谁都会避而远之；一个人如果有情有义，那么他会获得人们的欢迎。所以说做人要厚道，还要有诚信，要仗义，还要树立情义无价的价值观念，千万不要以金钱作为唯一的人生标准，否则人生道路会越走越窄。

当今社会许多人被物欲蒙蔽了双眼，把金钱作为人生唯一的追求目标，其实这是很不应该的。很多人因为微小的争执，就忘记了过去的恩情，把过去积累的感情全然破坏了，很多人对感情不珍惜，把以恩报恩这一准则忘在脑后，满眼金钱，满身铜臭，做人没有操守，做事没有底线，这样无情无义的人，他的人生怎么会有福报呢？

有情有义的人都有“三顺”，修养上君子以顺德，也就是不断提高自己的修养，努力使自己成为一个高尚的人，心顺了，语言自然就顺。对人客客气气和和善善，那么做事肯定会越来越顺，因为会得到很多人的帮助。一个人首先要控制和把握自己的心，不暴躁，不气馁，不悲伤，不退缩，达到荣辱不惊、始终如一的境地，心无外物看得开，人生的路才会越走越宽，生活顺畅，人生自然也福气满满。

有情有义的人必定存好心，说好话，把人做好，则诸事顺利，和为贵，处处是贵，语言顺的人也会被人们格外看重和厚待，他也能得到更多人生的机会。一个人语言不顺，经常和别人吵架，凭一时意气来处事，那么他在人生道路上就经常会遇到各种各样的挫折和各种各样的障碍，因为你说的话其实就反映出别人眼中的你，人们都想改变自己的命运，但是一个不会好好说话的人，怎么来改变自己的命运呢？

心顺让我们心态平和、心胸宽阔、格局广大；言顺让我们相处和善、和气生财、温和有度；事顺让我们做事有谱、遇事沉稳、眼界开阔。这些“顺”成就我们的未来，让我们的生活和工作的环境越来越好，让我们的心充满微笑和祥和的气氛。一个有情有义的人必定会有“三顺”，有了“三顺”，必定受到别人的追捧，必定受到人们的欢迎，这也会使自己有一个灿烂的人生。我们在人生道路上一定要做一个有情有义的人。

谢谢大家！

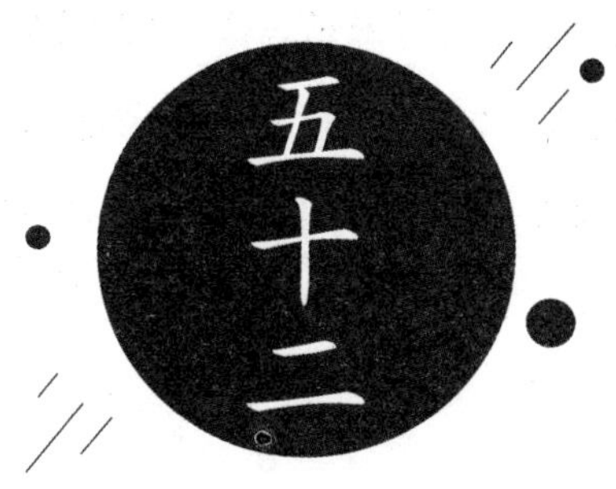

上善若水

大家早上好：

今天讲《上善若水》。

南怀瑾先生说，上善若水是一种极高的人生境界，水具有滋养万物的德行，它能使万物获得利益，而不与万物相争。能够像水一样，达到至柔至善的境界，能容能大，至净至刚，这样的胸怀和气度是很难得的。

人的一生要经历太多的事，我们的人生道路弯弯曲曲、高高低低，有平坦，也有崎岖，有甘甜，也有酸苦，会遇到名利、权势的诱惑，遇到富贵荣华的诱惑等，而要达到“宠辱不惊，闲看庭前花开花落；去留无意，漫随天外云卷云舒”的人生境界，需要水一般淡泊的心胸和气度，又要有水一般的大智慧作为人生的指路明灯。

“上善若水”语出老子《道德经》：“上善若水，水善利万物而不争；处众人之所恶，故几于道。”这句话讲的是至高的品行，就像水一样泽被万物而不争名利，不与世人一般见识，不与世人争一时之长短，做到至柔能容天下的胸襟和气度。它也代表了人对于美好品行的向往，与人无争，处人之下，却依旧修炼自身，这是人生的大智慧。

要达到上善若水的境界，意味着要经历人生的七重境界。曾有这样一个故事，说的是一个年轻的商人被他的同伴出卖以后，人财两空，痛不欲生，想跳湖自尽。他在湖边遇到了一个观水静坐的智者，他忍不住把自己的悲惨遭遇向这个智者倾诉了一番。智者微笑着将他带到家中，让他从地窖里面取出一块巨大的坚冰，商人百思不得其解，但还是照做了。冰块搬出来以后，智者让他用斧子把它砍开，商人用斧子对着它砍，但无论怎么砍，都只在冰面上留下一道细微的印痕。商人用力地砍，但是冰块还是很坚硬，商人无可奈何地把斧子扔在地上，对智者说：这冰实在太硬啦，我没有办法把它砍开。智者不声不响，换了一种方式进行处理，他将冰块放在铁锅里煮，随着温度的升高，冰块慢慢地融化了。智者问商人，你从中领悟到了什么？商人说，我对付冰块的方式不对，不该用斧子去砍，要用火来烧。智者摇头，商人还是不理解，只能谦虚地请教智者。

智者说，水的境界其实意味着成功人生的七重境界。第一重境界就是百折不挠。冰虽然是水，但是却比水强硬百倍，越是在寒冷恶劣的环境下，它越能体现出坚如钢铁的特性。第二重境界就是聚气生财。我们把水加热了，水就变成了汽，汽看着是无形的，但是在一定的范围内，它能够聚集在一起形成一种合力，变得力大无穷，动力无边，比如说水蒸气。第三重境界就是包容接纳。水净化万物，无论世界万物有多脏，它都能够敞开胸怀，无怨无悔地接纳，然后慢慢地净化自己。第四重境界就是以柔克刚。水看似无力，自高处往下流，但遇到阻挡之物，它就耐心地默默地回避，如果遇到巨石，它就把巨石磨圆，比如我们常说的水滴石穿，就体现了水的品格。第五重境界就是能屈能伸。水能上能下，上化为云雾，下化为雨露，涓涓流水能够汇成河，从高处往低处流，上至云端，下至大海。第六重境界就是周济天下。水虽然为寒物，却有一颗善良的心。它从来不参与争斗，但是却哺育了万物，虽然无限地奉献，但是从来不去索取。第七重境界就是功成身退。水能变成雾，雾看似缥缈，有着最为自由的本身。聚则可以结雨化为有形之水，散则无影无踪飘忽于天地之间。

我们通过对水的七种品格的解读，可以从中悟透人生。比如无论你遇见谁，他都是注定会在你生命中出现的，而且是应该出现的人，也可以说没有人是因为偶然才进入我们的生命的。对于很多事情，我们应该坦然去面对，不要去纠结，不要去烦恼。因为无论发生什么事，那都是唯一会发生的事情，不管事情开始于哪个时刻，那都是对的时刻。而那些已经结束了的，就让它过去吧。这个商人听了智者关于水的七重境界的解读后，开悟了，他悟透了人生，不再悲伤。他对智者表示万分感谢后离开了。后来，他用上善若水的大智慧指导自己的人生，无论遇到什么困难，遇到什么样的挫折，他都能够坦然度过，最终取得了巨大的成功。

从“上善若水”我们悟到了生命的道义：一是做人如水，能够适应不同的环境，因为只要有包容万物的胸怀，就没有什么环境不能适应。二是做人如水，无论高低都能适应。我们往高处走，能适应高处的环境；往低处走，就能适应低处的环境，虚心向别人学习。在生活和工作中，无论遇到什么样的人，都能够和和睦睦客客气气地去相处。三是做人如水，无论是动还静，我们都能够相伴左右。四是做人如水，要有海纳百川的胸怀，具有可塑性，能容能聚。

上善若水的智慧，能够帮助我们安抚当下浮躁的心情，让我们每天都能够气定神闲地去生活，去工作。心静了心安了，我们的生活态度就变好了，就能够微笑地面对工作环境中的各种人和事，也能够把人生道路上的那些阴霾都驱散了，心中就有了灿烂的阳光，人生就有了明灯照耀，然后我们的好运气就来了。

谢谢大家！

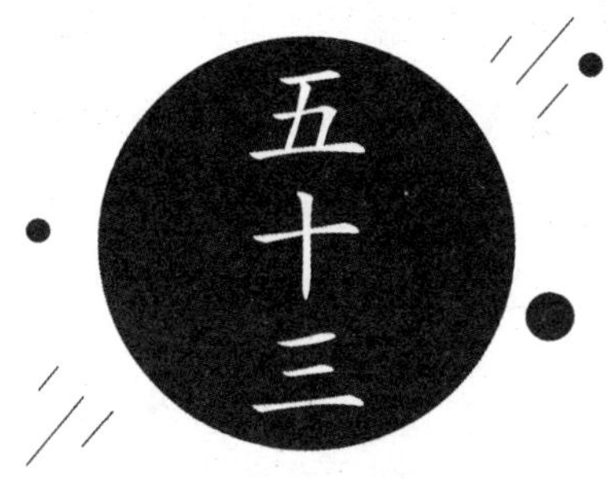

人生最好的状态

大家早上好：

今天讲《人生最好的状态》。

对于这个问题，一百个人有一百种看法，同一个人在不同的年龄、不同的位置、不同的环境中也会有不同的认知。有人认为，身体健康，没有过多烦恼，有人爱，有事做，有所期待就是最好的人生状态；有人认为，生活富足，家庭和睦，事业顺利，有知己相伴就是最好的人生状态。其实一个人如果能够坦然从容，淡定沉稳，丢掉烦恼，舒展心情，放得下过去，背得起现在，装得下未来，那么他就已经拥有了最好的人生状态。

人到了一定的年纪，走过了几十载的岁月年华，看惯了世事沉浮，看淡了计较得失，看透了人生，就会感觉到，健健康康活着、平平淡淡过着、开开心心笑着就是最好的人生状态。不为名利场中的争斗而烦心，不为金钱得失而烦心，只要健康地活着，只要开心地活着，就是人生最好的状态，所以每个年龄段都有每个年龄段对人生状态的追求和向往。

有些人拼命向外去求，拼命追求物质上的享受，有些人向内寻求智慧，追求灵魂的丰盛、物质的简单。美好的人生，从来都不是沉重的，最好的状态就是去掉烦琐，追求简单，去掉那些没有必要的物质享受，留下丰盛灵动的高雅灵魂，只有这样，人生才能活出灿烂，活出光明。我们要降低对物质的需求，用简单成就美好的人生。只有这样，你的心才不会复杂，才不会纠结，才会愉悦起来。

著名品牌香奈儿，其宗旨就是追求简单自在，但它追求的简单，却成就了无数人的美丽人生。香奈儿创始人从做帽子开始，逐渐打造出了一个让全世界女性为之疯狂的时尚帝国。在香奈儿之前，各种各样的帽子沉重烦琐，很多人用羽毛贴片作为装饰，但这也让人们苦不堪言。香奈儿放弃了那些烦琐的装饰，设计出的简单的帽子一面世就受到了人们的热烈欢迎。在我看来，简单时尚就是人生最好的状态。

要达到人生最好的状态，一定要减少无用的社交，让生活变得轻松活泼。有人说，没有永远的朋友，只有永远的利益。对于很多人来说，你对他有用，他才愿意成为你的朋友，一旦你失去了利用价值，他就会无视你的存在。明白这一个社交道理后，我们就应该减少无用的社交。比起社交，更重要的是用心来提升自己的道德修养、自己的工作能力、自己的学习能力。只有让自己变得越来越有价值，你的有效社交才会越来越多，这是人生的真谛。

赏心只需两三枝，知己只需两三个。无用社交让我们烦心，让我们困惑，让我们焦虑。手机虽然方便了我们，却也使得我们的生活变成了二手生活。一个小小的屏幕就能消耗一天的时光，我们不得不烦恼地面对无用社交，也不得不面对一手生活离我们越来越远，它让我们疑惑，真实的健康的轻松快乐的生活在哪里呢？我们整天刷微信、微博、抖音、小红书，在某种程度上，这些都是无效社交，我们能不能有所舍弃呢？

一个精神富有的人，即使生活上非常贫困，也能和亿万富翁谈笑风生；一个心灵贫穷的人，即使拥有万贯家财，也会与人话不投机。我们要远离心穷的人，做一个精神世界富有的人。老子《道德经》说，我有三宝，持而保之，一曰慈，二曰俭，三曰不敢为天下先。慈就是要给别人快乐；俭就是简单俭朴，不奢侈放纵；不敢为天下先就是遵从自然法则，顺应天道办事和生活。只有远离烦恼，去掉那些不必要的无效社交，人生才会轻盈，只有轻盈的人才会有光明。

人生最好的状态就是保持一种纯朴的生活状态，让一切顺其自然。《菜根谭》说，意所偶会便成佳境，物出天然才见真机，若加一分调停布置，趣意便减矣。“意随无事适，风逐自然清。”有位诗人常说，无事可想时，心情最舒畅，自然吹来的微风也更清爽。我们读他的诗，回味无穷，人就是要在让自己无忧无虑、自由自在的境界里才能活得丰富。

人生最好的状态就是安于得失，淡于成败。虽然人生道路艰难，但是仍然勇敢向前。世上的事情，该来的自然会来，不应该来的，你再去乞求也无用，有缘不推，无缘不求，来的欢迎，去的目送，一切随缘，顺其自然，最好的状态就是保持心灵的宁静。我们不要把自己的人生过得失魂落魄，也不要一遇到人就倾诉自己的不幸，我们会发现漫漫人生道路就是要自己去走，你的所有事在别人眼里都是故事。

在人生道路上，我们会领悟到，人生最好的状态就是：不期而遇、不言而喻、不药而愈。我们只有看得远，才能让心胸开阔，如果只顾眼前的利益，就难以看到山外之山、天外之天。我们要看透天下熙熙皆为利来，天下攘攘皆为利往。看淡不是不求进取，不是无所作为，而是平和与宁静，坦然与安详。我们不以物喜，不以己悲，要离尘嚣远一点，离自然近一点，让人生的宁静和淡泊始终荡漾在心间。

前几天，我看了一篇文章，它说的是人生最好的七种状态，写得非常好，我也想在这里与大家一起分享。

一是扬在脸上的自信。想要越活越好，就要发自内心地认可自己、喜欢自己。

二是长在心底的善良。这个世界上有许多的惊喜往往源自累积的善良。要想获得人生更多的好运气，就要做一个善良的人，用更柔和的微笑的眼光去看世界。

三是充盈在大脑里的知识。俗话说，你的气质里藏着你走过的路、读过的书和爱过的人，所以一个人越想要变得强大，就越要多读书，多去充盈自己，丰富自己的身心。

四是融进血里的骨气。我们要明白，人的安全感是自己给的，在江湖行走，迷茫是不可避免的，诱惑是随时可见的，我们要学会在迷雾中拨云见日，在乱象中抽丝剥茧，不要只看到眼前的长短，而是要牢记自己的初心，不要去贪便宜，更不要去过分地索求，也不要去过分地依赖别人，自信自强是王道。

五是刻进生命里的坚强。面对挫折，面对困难，面对灾难，面对打击，我们一定要给自己疗伤的时光，然后默默振作起来，前进，勇敢地前进。

六是挂在嘴角的微笑。时刻做一个明媚爱笑的人，我们经历了世俗而仍然不世故，笑着接受人生的风风雨雨，让自己充满阳光。

七是藏在心里的梦想。不管我们年龄有多大，日子有多忙，依然去学习，去探索，去拥抱新知，永远不放弃人生的梦想，不失去自我，努力过好每一天。

谢谢大家！

避免骄傲自大

大家好：

今天给大家讲《避免骄傲自大》。

人生道路上，自信自强是必须的。但是有时候一个人太过自信就容易变成自负，自强太盛就容易变成自大。所以曾国藩说，人生要避免两个东西：一个就是骄傲，一个就是懒惰。如果一个人骄傲自大，就会导致人生的惨败。

我们要战胜的从来不是别人，而是自己。为什么有的人能够事业有成，有的人却庸庸碌碌一事无成？这两种结局不是运气决定的，而是自己决定的，其关键在于对自己情绪的把控，对自己各项能力的把控，对自己各种决策的把控。有些人能够很好地控制自己，能够克服自身骄傲自大等缺点，这样的人能避免各种各样错误的发生，其人生也会越来越辉煌。

《道德经》说，人生得意之处也就是祸患起源之时。一个人春风得意的时候，往往容易掉入人生的陷阱。事到快意处必须警惕，言到快意处必须要止住。当你快乐享受的时候，你必须冷静下来，有句老话说，天若让人灭亡，必先让他猖狂。如果我们碰到一个骄傲自大，得意忘形的人，就要知道这个人其实离灭亡不远了。前几年，我碰到一个企业家出口狂言，做事风格也非常疯狂，我意识到这个人很快就会出问题，后来他的企业果然就倒闭了。

历史上有很多居功自傲招来灾祸的例子，比如说韩信。有一次，刘邦问韩信，你看我能带多少兵？韩信很自负地讲，陛下带兵最多不能超过十万。刘邦听了心里很不高兴，然后问韩信，那你能带多少兵呢？韩信说，我带兵越多越好，多多益善。韩信说出这句话，其实是一种自负的表现。虽然带兵打仗是他的优势，但是他拿自己的优势去炫耀，这就埋下了人生祸害的根源，刘邦心里怎么能高兴呢？

同样是刘邦手下谋臣的张良却非常有智慧，他有功而不居，多了一种刻意隐藏自己锋芒的策略。在他看来，一个人有智慧有才能，这是优势，但是不应该成为炫耀的资本，否则会在自己的人生道路上埋下一个个地雷。当我们明白了骄傲自大的危害，就会避免他人出的损招。骄傲使人失败，谦虚让人进步。

富贵而骄，居功而傲，这是人之常情。但是有智慧的人通过自己的修炼，通过自己提升智慧，让理性去战胜人性的弱点，从而让自己和别人的相处变得和谐。无论是在生活当中还是在工作当中，当自己感觉到得意扬扬的时候，我们就要警惕，就要给自己敲响警钟，因为这时候可能一不小心就会踏入人生的陷阱。

人必须要有梅花般的傲骨，但是如果把骄傲自大表现得太极端，就容易众叛亲离，还会惹来不少麻烦。自古以来，多少人因为骄傲自大的毛病而断送了自己的前程。在事业方面，在工作方面骄傲自大，多少人因一时的情绪亢奋，对别人恶语相加，最后因锋芒毕露而走上绝路。

谦虚谨慎是人生道路上的护身符。人最大的敌人是自我，人最大的失败是自大，人最大的愚蠢是自欺欺人，高估自己，低估别人，高估自己的能力，高估自己的才华，认为自己无所不能。有了一笔钱，有了一点权力，有了所谓让别人赞叹的美貌就为所欲为，其实这种表现是典型的自欺欺人，也证明了他是非常可怜的人。

有人说猪八戒照镜子，看到自己丑陋不堪，就怪镜子不好，抡起一个耙子，把镜子打了个粉碎。殊不知他在打碎镜子的时候，每一片碎镜子里都有一个丑八怪。骄傲自大的人就像猪八戒一样，在别人眼里，他就是一个丑陋的怪人，除了骄傲、自负、自尊自大、自欺欺人以外，没有任何的优势。

《了凡四训》说，愚者认命，庸者拼命，智者改命。真正有智慧的人在意识到自己骄傲自大的毛病时，就会立刻提醒自己去改正这一致命的毛病，长此以往，一个人的命自然就好了，他人生的道路自然就顺了，我们说的“改命”，要从改变自己开始，要从纠正自己的毛病开始。

谦虚谨慎是一种修养，更是一种智慧。没有谦虚谨慎，人生到处都是陷阱，到处都是麻烦，到处都是各种各样的挫折。当我们学会了谦虚谨慎后，人生的麻烦就会减少很多，人生的很多灾难就可以回避，人生很多的挫折就可以消除。我们一定要意识到提升自己道德修养的重要性。

在顺境中不骄傲不自大，在逆境中不颓废不消极，为人处世我们要拥有一颗平常心，保有一种智慧的人生态度，但是有多少人能够真正地做到呢？我们每天都要问自己，谦虚谨慎的护身符带了没有？骄傲自大的恶习改了没有？人生的每一天都是在修心改命，如果我们用谦虚的心去看世界，去看同事，我们就会发现春光明媚。

如果我们以骄傲自大的心态去看别人，就会处处察觉到夏天的炎热，冬天的严寒。不同的季节有不同的心情，不同的境遇有不同的感悟，世上的事情都有因果，任何事物都像一把双刃剑，你让别人感受到谦虚，别人就会以德报德，也还你一个谦卑，如果你以骄傲自负示人，那么世界同样还给你一个恶劣的、麻烦的环境。

俗话说，天狂有雨，人狂有祸。一个人本领越强，财富越多，地位越高，名气越大，越要保持谦虚谨慎。否则的话，祸福无门，唯人自召。如果放纵自己，认为自己的本领无限了不起，瞧不起别人，那么灾祸可能就会缠绕你。人生的陷阱比比皆是，我们一定要警惕。

谢谢大家！

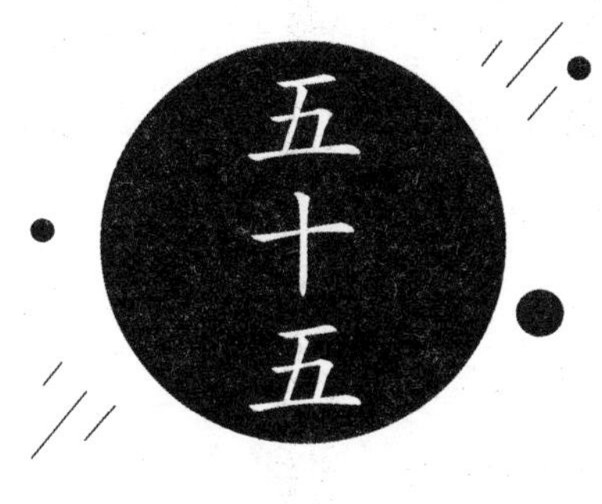

人低为王

大家早上好：

今天讲《人低为王》。

一个人可以自信，但不要自大；一个人可以豪放，但不要狂妄。有智慧的人把自己看得很低，这是一种修养，一种风度，一种高尚的境界，一种达观的处事态度，是积极的心态，是成熟的心智。只有低调做人，放下自己，一个人才可能被别人尊敬，才可能成就大事，才可能拥有成功的明天。

哲人告诉我们，一定要正确认识自己，千万不要把自己看得太重，因为这个世界离了谁，地球都照样转动。被称为美国国父的富兰克林，在年轻的时候就上了一堂人生课。他去拜访一位德高望重的老前辈，那个时候他年轻气盛，昂首挺胸，迈着大步，没想到一进门，他的头就狠狠地撞在了门框上，他疼得一边揉头，一边低下身子。老前辈看到他狼狈的样子，就说，你很疼吧，这就是我给你上的第一课，你可以回去了。

有一个小故事说，一头骆驼辛辛苦苦穿过了沙漠，一只苍蝇趴在骆驼的背上，一点力气也不花就到达了目的地。苍蝇讽刺道："傻骆驼，辛苦你把我驮过来，再见。"骆驼看了苍蝇一眼说："你在我身上的时候，我根本就不知道，你走了，也没有必要跟我打招呼，你根本就没有什么重量，别把自己看得太重。你以为你是谁呀?"从这个故事中，我们可以看出，一个人千万不要把自己看得太重，其实离开你，世界照样运行，人们照样在生活，照样在欢笑。

有智慧的人经常告诫我们，水低为海，人低为王，越是谦卑的人越高尚。人活这一辈子，谁都不容易，不要瞧不起别人，不要去嘲笑别人，不要随便去评论别人，知人不评人，管好自己的嘴，做好自己的事。走路太急会跌跤，做人太狂会受到惩罚，不要目中无人，不要眼睛里容不下一粒沙子，否则会吃大亏。

踏踏实实做事，老老实实做人，尊敬老师，孝顺父母，尊敬同事，努力工作。三人行，必有我师。要多发现别人身上的优点，并向他们学习；看到别人的不足时，我们要想到自身的缺点，并且改过，努力让自己成长。提升自己才是正道，在提升自己时，谦卑是最好的修养，我们在工作单位要将心比心，心量越大，我们的福报就越大，人只有谦卑，懂得尊重别人，路才会越走越宽。

在人生道路上，如果你到处去唱高调，那只会让你的路越走越窄。为人处世要心态积极，低调谦逊，厚道诚恳，宽容大度，多包容别人，快乐别人也快乐自己，常有一颗感恩的心。每个人都有无限的能量，也许今天不被瞧得起，但士别三日，当刮目相看，世事如棋，变幻莫测。当下光芒万丈的人，也许过几天就可能跌下万丈深渊，走入人生的低谷。

人低为王，它是你在复杂社会中的护身符，是让你踏踏实实工作、快快乐乐生活、随遇而安、享受平淡生活的法宝。山从来不解释它的高度，但这不影响它耸立云端；海从来不解释它的深度，但这不影响它容纳百川。我们从大自然的这些现象中可以悟到，低调做人是一种大智慧，我们应该保持谦卑的态度，默默耕耘，与人为善，不断积累自己的福报。只有自己的福报够深，才会在日后有更大的福报，才会让自己的事业、生活枝繁叶茂。

无论你曾取得过多大的成绩，在进入新的工作岗位时，一定要低调，从低做起。低是高的发端与根基，高是低的积累与提升，万丈高楼平地起，要是没有细微的积累，就没有高的成就。如果说一开始调子起得很高，以高傲的姿态进入新的单位，那么你在工作上就会遇到困难，遇到挫折，众人就会疏远你。当我们把自己放低，拜众人为师时，才可能成为一个大智若愚的人，方能成就一番大事业。

为人低调的人，人缘好，靠真心才能交到真朋友。而高调的人，他所谓的朋友都是势利之交，他身边围绕的都是小人。你把别人当成小人，别人也把你当小人，慢慢地，你就走入小人圈的怪圈，然后你的人生就暗无天日了。人人都有自尊心，与别人相处的时候，大家都希望平等交流，很少有人会喜欢高高在上的人，所谓低调做人，就是让自己不摆臭架子，平易近人，让别人在心态上更容易亲近你，接受你。

真正有智慧的人，即使再有能力，再有本事，也都保持低调，低调生活，低调工作，一个人越低调，喜欢他的人就越多，他的人生路就越走越宽，帮助他的人就越多，他得到的机会就越多。古人说，木秀于林，风必摧之；俗话说，枪打出头鸟。在这个竞争激烈的环境中，如果你在实力还不够的情况下就唱高调，那么对手很快就会击垮你。

做人低调，做事踏实是生存和发展的必要条件。一个谦卑的人会处处受到人们的欢迎，一个做事踏实的人，若能不断日积月累就终会有所成就，就会慢慢获得人们的尊重，就会一步步取得人生的辉煌。所以我们要牢记人低为王的道理，这是人生的大智慧，也是人生的哲学。

谢谢大家！

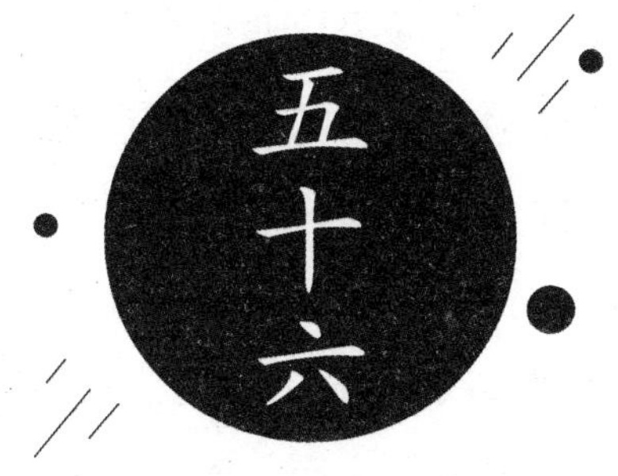

熬过去

大家好：

今天讲《熬过去》。

人生道路上，遇到苦难是很正常的，苦难是人生最好的导师。生活的苦、工作的苦让懦弱的人望而却步，这些人最后往往会被淘汰出局，但是对于坚强的人，他们虽然在过程中备受煎熬，最后却会迎来重生。在苦难来临的时候，如果你熬不过去，那你就可能会出局，如果你坚持下来熬过去，那么你就胜利了。每个人都会经历不同的坎坷，不同的困难，不同的苦难，只不过有些人能熬过去，有些人却熬不过去。

俗话说，吃得苦中苦，方为人上人。真正强大的人都是熬得过去的高手。他们在面对困难、挫折、苦难时，会告诉自己坚持下去，因为那都是正常的人生经历。面对不公平的待遇，面对困苦的工作环境，他们总是默默地去忍受，默默地去工作，默默地去提升自己，从来不喋喋不休。他们保持平静，保持安静，用此处无声胜有声的状态，用沉默、冷静的态度来工作和学习。

一个能够熬过去的高手往往是不乱发脾气的人。如果总是生气，那他就是世界上最傻的人。面对恶劣的环境，面对不公平的待遇，如果总是生气，气坏了自己身体，气得没有好心情，那是不值得也是没有必要的，所以当我们面对苦难时，要控制自己的脾气，不要对外散发你的怨气。只爱发脾气，那解决不了任何问题，只会让自己的心情变得更加糟糕，人际关系更加恶劣，让苦难更加深重。把你的脾气收起来，让你的脾气好起来，这也是熬过困境最重要的法宝。

能够熬过苦难的强者都喜欢独来独往，他们不乱交朋友，也从来不把时间浪费在吃吃喝喝等琐事上。一个受过苦的人会懂得思索，他会吃一堑长一智，不在一些破事上一次次跌倒。他们总是能够保持进取的状态，在复杂的事物面前理清思路。学会一个人默默地去奋斗，即使生活清苦却也能够宁静致远。岁月虽苦，但是自己的内心是甜的，智慧的人能把苦日子当作甜生活来过，虽然环境是苦的，但是他们却能够把环境变得甜蜜起来，美好起来。

每个成功的人背后都有一些鲜为人知的关于“熬过去”的故

事，比如白岩松，他曾三次抑郁到想自我了断，是曾国藩的一句话点醒了他，让他熬了下来。我们感叹成功人士取得的成绩，可我们有没有想过他们是如何熬过背后的苦难的？我们要去学习他们的大智慧，人生路上不可能天天都充满明媚的阳光，很多时候我们会迎来狂风暴雨，更多的可能是阴雨绵绵，面对风雨，我们必须要有熬过去的本领。

人生变幻莫测，各有各的痛苦，各有各的难受，不可能总是一帆风顺。遇到苦，遇到难，我们只有挺过去，只有熬过去，只有那样，明天才会是灿烂的。如果你在今天的苦难面前认输，首先在心理上投降，那么你离失败也就不远了。真正熬过去的都是不服输、坚强的人，他们的“逆商”以及抵抗灾难的本领是强大的，人只有自己战胜自己，才能够取得真正的成功。

历史小说《明朝那些事儿》的作者二十年来潜心做一件事，他凭着一种冷静狠熬的智慧，最后获得了巨大成功，红遍了大江南北。从某种程度上来说，人生真正的本领是耐熬，人生成功的金钥匙也是耐熬。“王洛宾”这个名字，大家都非常熟悉，他被称为“中国西部民歌之父”，是一位音乐大师，一生经历坎坷，他一度处境艰难，而且妻离子散，长期处于心理压力极大的逆境之中。但是他却以胜似闲庭信步的态度投身于大西北的沙漠之中，创作出了让人难忘的《在那遥远的地方》等西部民歌，被人们敬重。一个人面对挫折决不气馁，把苦难作为人生最好的营养，这才是真正的强者。

人生道路上，谁都会有低潮期，如果在低潮的时候我们不去抱怨，不去指责，不去焦虑，而是很好地安抚自己的心灵，理清自己的思路，让自己的心静下来，默默地去提升自己，不把幸福寄托在别人身上，而是自己去不断努力，做一个有拼搏精神努力上进的人，那么前路会越走越顺，前程会越来越好。

在糟糕的日子当中，我们要坚信自己能够熬过去。日子再难过，也要让自己精气神十足，而不是唉声叹气，萎靡不振。要知道只要你熬过去了，剩下的就是好运气。事实上，每一个闪闪发光的人，都熬过了一个又一个不为人知的、苦难的黑夜，我们要有耐熬的本领，因为这是人生的真谛。

在苦难的时候，我们不要忘记曾经许下的诺言，要去奋斗，因为每一天的奋斗，积累下来就是熬过去的本领，如果你不去奋斗，只是去抱怨，那么你会陷入到越抱怨越苦难的泥潭。虽然熬的日子不好过，但是日复一日，年复一年，这些熬过去的，都积累成了你摆脱坏运气的真正的基石。所以说，我们面对困难，面对挫折，面对灾难，不要去恐惧，而是要拥有熬过去的本领。

谢谢大家！

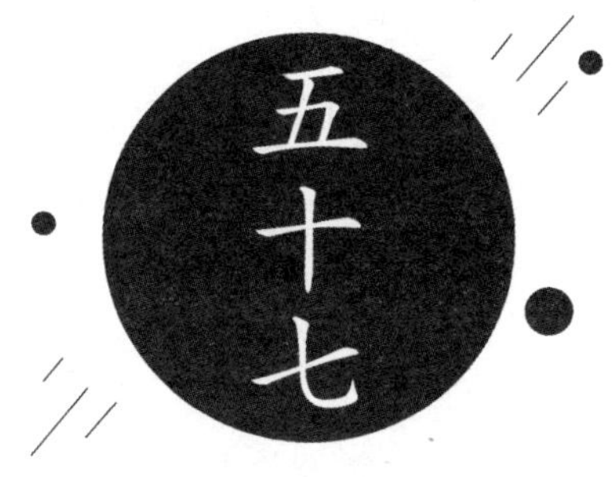

不要瞎忙

大家早上好：

今天讲《不要瞎忙》。

过去我们见面时经常问的一句话是“你吃了吗”，现在多数人见面时常问的一句话是“在忙什么”。很多人每天忙忙碌碌，疲于奔命，却没有太多的时间做自己想做的事。许多人瞎忙，甚至陷入了忙碌的陷阱。回过头来盘点一年的成绩，才发现一无所获。到底应该忙什么？这是我们应该去思考的问题。有一家媒体针对这个问题进行了一次调查，受访者中有一半的人表示自己太忙了，几乎没有时间休息。

我们要经常问自己，每天在忙些什么？是否在与不靠谱的人打交道？是否在做不靠谱的事情？现代人普遍有一种心态，就是不能让自己闲下来，好像忙碌才是人生的主旋律，如果哪天无事可做，他就会惶恐不安。像一个疯狂的陀螺一样，每天习惯了高速旋转，一旦停下来，反而会感到焦虑、恐惧、空虚，这是现代人的一种通病。

我们要让自己的每一天忙得有意义、有价值，如果做事不分主次、没有合理的计划，那么我们就会使自己被动地成为一名救火队员，随时都得准备着去救火，每天为了琐事忙忙碌碌，每天都在做一些低效或者无效的事情，可以说，这种忙是没有意义的，没有价值的。如果每天在网上打发时间，每天刷微信、刷微博，那么宝贵的时间都白白溜走了，这种忙碌是无效的，也是让人感到悲哀的。

经常有员工抱怨自己从早到晚没有休息的时间，但产出很低。原因就在于工作效率低，工作质量有问题，每天不是忙于应酬，就是忙于所谓的加班，这样一来，不要说陪家人，就连自己的孩子也没有时间照顾。有时候，自己也会感到很心烦，也会为此烦恼，更会为此焦虑，但面对这种瞎忙，我们究竟应该怎么办？

我想起一个禅学的故事，故事讲的是一个老禅师发现自己的一个徒弟非常勤奋，不管是去化缘还是做其他琐事，他都很积极，从早到晚忙个不停。但是这个徒弟内心很挣扎，非常苦恼，感觉到自己经常在瞎忙，于是他找到师父。他说，师父我太累了，我一天到晚忙碌，却从来没见什么成就，这是什么原因啊？老禅师说，你把平时化缘的钵拿过来，把它放在这儿，然后你再去给我拿几个核桃过来。拿到核桃后，这个老禅师把它们一并放到碗里，然后整个碗就装满了。老禅师问徒弟，你看碗里还能放更多的核桃吗？徒弟说放不了了。

老禅师又让小徒弟去拿些大米来，大米顺着核桃间的缝被倒进碗里，最后老禅师问徒弟，你看还能再放吗？徒弟说，放不了了。老禅师说，你再去拿些水来，往里浇水时，他们发现碗里还有很多空间。老禅师问徒弟，还能放吗？徒弟摇头，实在放不下东西了。老禅师让徒弟再去拿些盐来，然后又把盐放进了碗里。之后老禅师把碗里的东西全部清空，把放置物品的顺序调换了过来，先放盐后放水，再放大米，再加核桃，但是这时候放了水的碗里已经再不能放核桃了，因为水已经溢出来了。老禅师问徒弟，你看现在碗里怎么能够放得下核桃呢？你的生命也就是一只碗，如果碗里全是那些大米般细小的事情，那么那些大的核桃怎么能够放进去呢？小徒弟这时候彻底开悟了。

在整天忙碌奔波的时候，我们必须想一想，怎么样才能把生命的核桃装进去，工作、生活当中，我们又该怎么区别核桃与大米呢？每一个人都应该清楚什么是主要的，什么是次要的，什么是靠谱的，什么是不靠谱的，我们应该把不靠谱的事清出来，把不靠谱的人清出来。如果我们跟不靠谱的人每天纠缠在一起，每天跟他瞎混，每天沉迷于吃吃喝喝，每天纠缠在一些琐事上，那生命就会变得暗无天日。我们要清楚地知道，什么人是人生当中的贵人，什么事是应该做的事情，什么事是靠谱的事，什么人是靠谱的人。

习惯于抱怨太忙的人应该认真地反思，你是把精力聚焦在大事上，还是聚焦在无效的小事上，你是把精力放在思考上，还是放在瞎忙上，你要思考究竟是提高自己的效率还是习惯于按部就班，不瞎忙是一种智慧，也是一个人的人生态度。

在忙碌之前，我们应该思考自己忙来忙去得到了什么，又失去了什么。你没日没夜地工作，天天加班熬夜，你连关心自己的时间都没有，思考自己灵魂的时间都没有，那么活着的真正意义又是什么？如果你整天都是瞎忙，并且忙出了一身的病，那么你人生的真正的福气在哪里呢？如果你把健康都忙丢了，那么你的人生就会变得痛苦，我们应该把脚步停下来，让自己静静地思考，把瞎忙的习惯改过来，提升自己的灵魂，提升自己的工作能力，不要去瞎忙。

我们要改变瞎忙的人生，遇见更好的自己。选择大于努力，方向决定成败。瞎忙会让人失去方向感。我们要把时间放在靠谱的事情上，放在靠谱的人上，我们把时间放在哪里，你人生的收获就在哪里。时间是最伟大的作者，它会给每个人写出不同的结局。如果一个人忙于抖音，忙于游戏，那么他的人生可能就是游戏人生。如果一个人致力于自身的成长，致力于靠谱的事情，专心致志、安安心心做自己的事业，那么他就会变得事业有成，他的人生就会辉煌。

改变瞎忙的自己，凡事预则立，不预则废，做一个有远见的人，凡事多想一步，经常想一想怎么样防范风险，怎么样把无效的时间改为有效的时间，努力去改变自己，把自己塑造得更美好。瞎忙的人总是悲叹时间的逝去，总是沉迷于过去的失败和痛苦无法自拔，或者就是经常去幻想未来。他从来没想到，其实自己的幸福、自己美好的人生，就在于今天的努力，就在于今天与靠谱的人共事，做靠谱的事情，所以我们一定要改变瞎忙的现状，做真实的自己。

谢谢大家！

及时止损

大家早上好：

今天讲《及时止损》。

人生道路上，如果走错了方向，一定要懂得及时止损。不要抱怨，不要悲伤，也不要懊悔，而是要懂得及时止损，不致造成更大的损失，否则的话，人生很可能彻底溃败。人生就像股市投资一样，亏损时要懂得及时止损，如果不懂得及时止损，那么就可能会越来越悲惨，越来越无奈。

有句话说，上错了车后，千万别因为已经投了币而不肯下车，因为那样一来，你会错过更多的站。我们的人生虽然会出现错误，我们也可能会有迷失方向的时刻，但是如果遇到了高人指点或者自己醒悟后，感觉到走这条道是错误的，那么就要坚决地改正，因为在这个时候，止损才是人生正确的决策。如果你依然执迷不悟，照错误的方向走下去，认为坚持到底就是胜利，那么你的人生就可能大错特错，因为你越走就越错，越走就越惨败，所以在我看来，这个时候及时止损是最好的办法。

有哲人说，人生如果走错了方向，那么停下来就是进步。有一个教授说，人生中百分之九十的不幸都是因为不甘心。从这一数字中，我们可以看到，许多人并不懂得及时止损。比如说，前几天有人跟我说，他投资了某视频网站，后来赔了很多，当时如果能够及时止损的话，就不会有后面的巨亏。但是他仍不断地去补仓，一直补到了这只股票最后退市。人生道路跟股市的沉浮在道理上基本是一样的，你要克制贪婪的欲望，不要因为不甘心就投入更多，不要因为心存侥幸去翻盘，最后越陷越深一败涂地。

我们可能会犯很多错误，但是一定要理解这个哲学思想，不要把生命浪费在没有意义的人和事情上。我们要清楚地明白什么是最重要的，什么是不重要的，我们不仅要知道自己想要什么，还要知道自己不想要什么。我们可以走错路，也可以爱错人，但是要学会及时止损，我们要明智地知道什么事情可以去做，什么人可以坚决地去爱，如果稀里糊涂，那么这一生肯定会是悲惨的，肯定会是不幸的，因为你选择的路是错的。

有这样一个哲学故事。有一个人买了一箱梨，因为天气炎热，梨坏得很快，他怕浪费，所以每天都挑几个最差的吃掉，最后这个人吃了一箱烂梨。有人针对这件事写了副对联，上联是“放着好的吃烂的”，下联是“吃了烂的烂好的”，横批是“永远吃烂的”。人生就像吃梨，如果你一直盯着坏的不放，那只会越陷越深。我们每个人都厌恶损失，都知道花钱买了梨子，梨子坏了就造成了我的损失，但要是人生道路上一直有很多坏的，我们怎么办？那就应该及时止损，懂得及时止损，这是大智慧。

真正有智慧的人，会把自己的时光都放在美好的事物上，从来不会把时间浪费在那些烂梨上面。因为你把时光都消耗在这些不靠谱的人和事上面，人生就会像烂梨一样越来越坏，最后拖垮你。从经济学角度来说，这就是你的沉没成本。对于那些已经投入却无法获得相应产出的支出，比如已经付出的金钱、时间、精力等所谓的沉没成本，应该痛下决心把它丢掉。

前几天，有个博士跟我聊天，他说正是因为明白沉没成本这一道理，所以在进入一个不好的单位、遇到不好的老板时，虽然当时自己已投入了很多时间和精力，但经过痛苦的思考，明白在这能得到的是一些自己不要的东西，并且预感到自己有可能会打小工、生活可能会很困难后，他还是坚决地辞职离开了。经过这一段艰难的挣扎，他彻底开启了人生新的道路。及时止损是非常重要的，当你明白环境对你产生负面影响的时候，当你明白自己做的是不靠谱的事或者与不靠谱的人为伴的时候，就要及时止损。

人生道路上，懂得止损才能走得更远。如果说我们在错误的道路上不停地去奔波，不懂得止损，那么就会越奔波越痛苦，陷在泥潭里的概率就越高，人生处境就越困难，就越没有机会脱离苦海。人之所以痛苦是因为放不下，将心态的“态”字拆开看，就是“心大一点”，心如果大了就会少很多烦恼，心态自然就会好，学会及时止损，会让我们拥有好心态。面对这些损失或者所谓的纠结痛苦，要及时去放下，去忘记。

著名的心理学教授亚科斯和布拉默曾经做了一个著名的实验，他们先让实验对象花一百美元买了一张去往同一个地方的滑雪旅行票，过了几天以后，他们对被试者说另外一个地方的滑雪之旅好玩得多，而且票价只要五十美元，于是这些实验对象又去买了另一处的票。之后教授告诉他们：这两个滑雪之旅的时间撞在一起了，你们只能选择一个。结果大多数人选择了票价更贵的那个，也就是一百美元的，而不是更好玩、更有趣的那个五十美元的，他们给出的解释是选择一百美元只损失五十美元，如果选择五十美元就会损失一百美元。这就是著名的“损失憎恶”理论，它指的是当人们面对相同数量的收益和损失时，损失更加令他们难以忍受。人生道路上，比盲目坚持更重要的是要懂得及时止损。不会做正确的选择，是人生产生痛苦的主要原因，真正的坚持不是盲目去做，而是及时放弃，及时调整，只有这样人才会在正确的道路上越走越远。及时止损是一种智慧的坚持，是看清现实以后做出理性的决策，是在人生道路上勇于选择对的思维。

我研究了几十个亏损的企业，它们为什么亏本？就是因为企业家不懂得做正确的选择使得企业深陷危机，他们不懂得如何进退而使企业走入绝境。企业家必须要抵挡各种诱惑，要明白多元化的危险，要明白企业战线拉得太长的风险，不要盲目去求大。我们应该每天思考怎样去防范各种各样的风险，要去做正确的选择，懂得及时止损。如果说企业家的欲望很大，想去做很多事情，但是不懂得做正确的选择，不懂得及时止损，那么企业经营就不可能很好。

为什么很多人的人生很失败？就是因为走错了方向，爱错了人，等到自己醒悟了发觉自己已年过半百，人生已走到一半，觉得一切都晚了，于是将错就错，最后在错误的道路上越走越痛苦。比如民国才女萧红，她是鲁迅先生最欣赏的女作家，但是除了写作以外，她的感情生活并不顺利，处理问题拖泥带水，她从一开始就没有遇到过值得依靠的男人，可仍把人生的希望都寄托于男人身上。可以说，萧红最致命的问题就是她不懂得放弃感情，不懂得及时止损。

人生道路上，拿得起，放得下，懂得取舍才能活得更好。《狼图腾》里说，当地人会在草地上设置一种强有力的捕兽夹子，这种夹子能牢牢地夹住野兽的腿，但他们极少捕到狼。这并不是因为狼聪明，而是因为它们在被夹住以后会第一时间咬断自己的腿，而别的野兽却不断地嚎叫，最终沦为猎物。狼是这样，人也是这样，及时止损，有时就意味着活命，抵得住诱惑，才能够让自己获得更加美好的人生。

谢谢大家！

避免斤斤计较

大家早上好：

今天讲《避免斤斤计较》。

为了一点小事而整天斤斤计较，这是人生道路上的一大阻碍。为人要懂得宽容大度，因为斤斤计较的人，他的人生道路会越走越窄，懂得宽容大度的人，他的人生道路会越走越宽。有个企业家跟我说，他在年轻的时候，曾遇到一个智者，智者和他讲了一个故事，使他牢记斤斤计较的危害性，懂得宽容大度的重要性。

这个故事说的是两个人出去旅游，有一天，他们走到了一座险峻的大山当中，在一起往上爬山时，其中一个人不小心踩空了，半个身子都挂在了悬崖边上，他的两只手紧紧抓住了旁边的石头和小树枝，就在危难之时，另外一个人马上爬到这个人旁边，拼命地把他从悬崖边上拽回来，终于那个人获救了。为了感谢救命之恩，获救的人就把同行者的救命大德刻在了一块石头上。他说，要不是刚才你的拼命抢救，我可能早已粉身碎骨了，太感谢你了。

然后他们又继续旅行。有一天，他们走到了大海边，欣赏着美丽景色，谈论着充满诗意的人生哲学，但不知为何，说着说着两个人开始争吵起来。他们越吵越愤怒，最后救人的人打了被救的那个人一记耳光。被救的那个人很恼火，但是他克制了，他说，我也要把你打人的事记下来，于是他就把打人的事写在了沙滩上。

同伴很不理解，他说，为什么你把救人的事情刻在石头上，却把挨打的事情写在沙滩上呢？另一个人说，获人恩德，要永远记在心头，所以要刻在石头上；有点小怨，不要去记恨而要懂得原谅，所以写在沙滩上，过两天风就把沙吹没了，怨恨也散了。他还说，为了一点小事，我不想斤斤计较，我不想失去你的友谊。从这个故事里，我们可以看到，宽容大度才是为人的根本，人与人之间难免有摩擦，但是更多的时候要想到别人的好，要忘掉那些小事所带来的不快。

这个企业家说，这个故事一直激励他几十年，警醒他在为人处世时一定要宽容大度，不要斤斤计较。在生活中，在工作中，在家庭中始终遵循宽容大度的法则，丝毫不去计较，每当自己开始要斤斤计较的时候，他就会想到这个故事。在人生道路上学会宽容大度，学会克制自己，学会避免斤斤计较，是人生的大智慧，也是人生成功的法宝。

与其斤斤计较，不如少安毋躁。有人说：用心计较般般错，退步思量事事宽。周国平说，人生的许多痛苦都源于盲目较劲，明明自己没做错什么，却感觉身心疲惫；明明想要多交些朋友，却感觉到话不投机；明明自己生活比较舒适，却羡慕别人过得有滋有味；明明自己劳心劳力，却仍然挫折连连，工作环境艰难。我们感到痛苦的主要原因就在于我们时时刻刻都在斤斤计较。斤斤计较往往是得不偿失的，它让你疲惫不堪，让你的工作和生活环境越来越恶劣。

美国心理学家威廉通过多年的研究发现，凡是对经济利益太能算计，每天斤斤计较的人，实际上都是很不幸的人，他们甚至是多病和短命的，并且百分之九十以上都会有心理疾病。斤斤计较的人是不会幸福的，凡事不要斤斤计较，这是智者的忠告。如果你想得到幸福，如果你想拥有美满的家庭，一定不要去斤斤计较。在计较的过程中心理会失去平衡，可能也会失去友谊，虽然得到了暂时的、眼前的利益，但是却失去了比物质利益更为珍贵的感情。

斤斤计较的人还容易被疾病缠扰，因为他的心胸经常被堵塞，他每天只能生活在具体的事物当中，甚至陷入到痛苦烦恼中不能自拔。爱计较的人习惯于顾及眼前利益而不管长远利益，更严重的是世上有千千万万的事，爱计较的人并不是只对某一件事情计较，他习惯了算计人生道路上所有的事情。越算计，越斤斤计较，就越难以心平气和轻松地去生活，越容易迎来麻烦，迎来灾祸，长此以往，人生就永远没有安宁的日子，这是最悲哀的人生。

斤斤计较的人其实是最愚蠢的，因为越算计一点一滴、一丝一毫，就越没有开心愉快的日子。避免斤斤计较，就是给自己去掉麻烦，这样我们才能够活得快乐，心才不会累。其实我们感到生活累，工作累，家庭累，百分之九十以上都是因为斤斤计较的累，都是这些鸡毛蒜皮的小事把你的心搞垮了。我们一定要明白，不要去斤斤计较，要学会宽容大度。

记住该记住的，忘记该忘记的，对于家人，对于朋友，对于同事，我们一定要宽容大度。如果你用宽容的胸怀去对待他们，你就会越活越轻松；如果你斤斤计较去相处，就会越活越累，时间长了，他们一个个都会离你而去，导致你的家庭生活很艰难，导致你的朋友圈越来越小，最后一个朋友都没有。我们要以宽容的心、感恩的心去包容朋友的过错，去对待朋友的帮助，我们要经常去感恩，只有这样，你的人生道路才会越来越宽广。

利益至上的人自私自利，容易斤斤计较。当一个人觉得利益高于一切的时候，我们最好离他远一点，因为这可能是一个很危险的人。把利益放在第一位的人不太注重感情，因为在他们看来，利益比朋友更加重要，金钱比朋友更加重要，我们一定要远离这种人，因为他们有可能就是灾难的导火索，他们有可能就是典型的小人。

如果用二八原理来分析人生，那也就意味着我们要重点把百分之二十的事情干好，剩下百分之八十的事都是小事，如果说在百分之八十的事当中，你还跟人家较劲，还每天斤斤计较和别人争什么，那么你只会失去更多，因为大事小事你都要去计较，都要去争，那么你的人生就会很累，就会永无宁日，你的心是不平静的，它被斤斤计较搞得暗无天日。我们一定要明白，人生该去做什么，不应该去做什么，该去计较什么，不应该去计较什么，这是大智慧。

有哲人说：既然无处可逃，不如喜悦；既然没有净土，不如静心；既然没有如愿，不如释然。我们不要太敏感，不要什么事情都去斤斤计较，不要对过去一些事情无数次地去纠结，不要在每件事上都计较，让自己的心轻松一点，让自己活得格局大一点。我们要用智慧去根除斤斤计较的那种恶习，那些格局小的人、气量小的人都习惯于放大困难，放大与别人的利益，用消极悲观的心态去对待别人，这是很不好的人生态度。

在做人做事上，我们对一些小事情不要太计较，一个人的心思可以细腻，但是嘴巴不能啰唆。本来就是一件鸡毛小事，如果你太计较，就可能起到很大的破坏作用。我们从无数成功人士的经验当中可以看出，如果你想取得巨大的成功，那就必须要有长远的眼光，不要拘泥于小节。如果你整天斤斤计较，那么精力就都被这些坏的东西消耗了，除此以外你越计较，名声就越差，就越没有朋友，事业也越不可能成功。

谢谢大家！

做个有趣的人

大家早上好：

今天讲《做个有趣的人》。

弘一法师说，为人处事须带春风。做一个有趣的人，既带阳光又带春风，并让每一个接近你的人都感觉到温暖。有趣的人会有诗和远方，一个人既能够让自己开心，也能让别人感到愉悦，即使处于情绪低潮期，即使工作环境不是那么让人满意，但还是能够保持快乐，保持乐观，保持幽默，并给大家带来无限的温暖。

世界上的人有千千万万，但是有趣的人却很难得。他们把自己的生活过得有趣，且能让你感觉到那种温柔而又坚定的力量，他们随时随地散发出太阳的光辉。和有趣的人相处是快乐的，与有趣的人交往是幸福的，因为他们能让你感到温暖，太阳般的光芒，会时刻照耀着你走出阴霾。

王小波说，一辈子很长，要和有趣的人在一起。有趣的人为人都很坦诚真诚，没有那些弯弯绕绕，没有那么多所谓的套路，也不容易与人产生隔阂，他们会让人感觉到很舒服。有趣的人永远热爱这个世界，并且保持一颗赤子之心。比如钱锺书，他就是非常有趣的人。钱锺书说，我这辈子就是喜欢读书。他喜欢走那些别人不喜欢走的路，而杨绛就喜欢他的淘气和那一点痴气。他淘气天真又加智慧过人，是人们心目中有趣的人。

一个人只拥有此生此世是不够的，他还应该拥有诗一般的世界。这个世界五彩缤纷，但有趣的人更能体会到世界的快乐。有趣的人会让生活散发出万千风情，一个有趣的人，会活出自己热气腾腾的世界，他自己有趣味，也让别人感觉到有趣。有趣的人容易散发光芒，当所有人都为了名利追逐不休的时候，有趣的人愿意停下来，用心感受这个世界的美好，相比于各种各样的追名逐利，他们有趣的人生历程更让人们羡慕。

很多人抱怨自己活得不开心，生活无趣，工作无趣，人生死气沉沉。他们身体不好却不去运动，即使去运动也会找各种理由说自己不适合运动；他们有时间却不去旅行，说自己从来没有这种兴趣；他们有时间却不愿意去学习，更没有兴趣去读一些经典；他们一天到晚玩手机、聊八卦，整天抱怨唉声叹气。跟这样没趣的人生活在一起，你会感觉到难受，而与有趣的人在一起共同生活，则能体会到快乐和幸福。

其实一个人过得有没有趣，取决于自己的心境，取决于自己的智慧。当一个人心情不好的时候，他就会感到人生无聊，感到生活无聊。当一个人充满激情，充满智慧，那么他就会觉得到处都是有趣的事，到处都是有意义的事情。而一个人能不能变得有趣，其关键是让自己的心态好起来，让自己的生活和人生的智慧丰盈起来。

有智慧的人会把日子过成诗，与花草树木相亲，与明月清涧相邻，与家人亲友相守，看时光沿着二十四节气的驿站且歌且行。把日子过成诗的人，他每天都是快乐的，不烦不躁，顺心就好，不管日子多么艰难，他都有能力把日子过成诗，优哉游哉，让健康、美好的工作和生活陪伴着自己，让别人感到愉悦，更让自己愉悦。

生活无趣的人把日子过成了流水账，把柴米油盐酱醋茶当成了烦恼。但是有趣的人，其生活简单却精致，他们学会了宽容，把生活中、工作中的烦恼变成了一首优美的歌。有趣的人懂得生活中的每一次珍惜，他们从减法开始，时而简单，时而精致，把日子变成了自己的歌，既靠谱又充满激情，他们做得更多的是去宽容别人，融入环境，让关系和谐。

世上没有无趣的生活，只有无趣的人。有人说，我们一定要成为有趣的人，那么怎么样才能成为有趣的人呢？一是要保持好奇心。好奇心是人生的一种能力，它可以让人发挥自己的潜能。二是要保持开放的态度，不要过分去评价其他人，也不要对人对事太过敏感。我们要善于倾听，要培养自己的爱好。除了工作以外，你的爱好是你生命的火光。我们要热爱生活，平凡的生活不可怕，可怕的是丧失了热爱生活的心。

我们每一天都要快乐地生活，都要快乐地去创造。世界这么大，提供了充足的空间让我们创造，我们没有必要去封闭自己。另外，我们还要善于发现，生活当中从来不缺少美，缺少的是发现美的眼睛，缺少的是感受美的心灵。发现生活的美是一种能力，我们要不断地提高自己的美学修养。我们还要扩大自己的社交圈，你的有趣会使你成为一个发光体，温暖自己，照亮别人，吸引更多有趣的人聚到一起，形成一个有趣的圈子。

做一个有趣的人，最重要的是做好自己，做好自己的工作，搞好自己的学习，提升自己的能力，把自己的生活安排得井井有条，只有这样，身边的人才会喜欢你，你也会慢慢建立自己的圈子。羡慕别人，不如自己去做好，不如自己去提升。多肯定自己，多去做自己的事情，提升自己永远是做有趣的人的基石。

谢谢大家!

图书在版编目（CIP）数据

赢家智慧 / 庄恩岳，庄研著. 一杭州：浙江文艺出版社，2021.4

ISBN 978-7-5339-6458-0

Ⅰ.①赢… Ⅱ.①庄… ②庄… Ⅲ.①企业管理 Ⅳ.①F272

中国版本图书馆CIP数据核字(2021）第049605号

产品策划 北京国龙土丰文化艺术工作室
责任编辑 邓东山 谢园园
责任校对 陈 玲 罗柯娇
责任印制 张丽敏
封面设计 私书坊_刘 俊 张俊香
营销编辑 张恩惠

赢家智慧

庄恩岳 庄 研 著

出版发行 浙江文艺出版社
地　　址 杭州市体育场路347号
邮　　编 310006
电　　话 0571-85176953(总编办)
0571-85152727(市场部)
制　　版 浙江新华图文制作有限公司
印　　刷 浙江超能印业有限公司
开　　本 710毫米×1000毫米 1/16
字　　数 189千字
印　　张 18.5
插　　页 2
印　　数 00001-10000
版　　次 2021年4月第1版
印　　次 2021年4月第1次印刷
书　　号 ISBN 978-7-5339-6458-0
定　　价 69.00元